HaffmansTaschenBuch 168

ROR WOLF

HANS WALDMANNS ABENTEUER

sämtliche moritaten
von raoul tranchirer
mit collagen
des verfassers

haffmans verlag

hans waldmanns abenteuer · erste folge wurden 1965,
hans waldmanns abenteuer · zweite folge 1983/84,
mein famili 1960–1963,
wetterverhältnisse und hartmanns hinterzimmer 1984
geschrieben

die erstausgabe erschien 1985
im haffmans verlag

veröffentlicht als
haffmanstaschenbuch 168, mai 1992
konzeption und gestaltung von urs jakob

alle rechte vorbehalten
copyright © 1985 by
haffmans verlag ag zürich
satz: offizin andersen nexö leipzig gmbh
herstellung: ebner ulm
isbn 3 251 01168 5

1 2 3 4 5 6 – 97 96 95 94 93 92

inhaltsverzeichnis

1
HANS WALDMANNS ABENTEUER
ERSTE FOLGE

1. hans waldmanns hand 13
2. hans waldmanns erste worte. 14
3. waldmann gibt eine übersicht 15
4. vorstellung der beteiligten. 16
5. beginn der handlung mit allen beteiligten.
   es ist abend. 17
6. hans waldmanns erlebnisse im dampfbad . 19
7. waldmann erledigt eine sache im norden
   und bricht dann nach süden auf 21
8. waldmann und die gräfin, eine dunkle dame . 23
9. ungefähr fünf versunkene figuren 25
10. auf nach westen 26
11. ruhe ruhe. 28
12. gesang 31
13. waldmanns hut 32
14. abschied für immer 34

2
HANS WALDMANNS ABENTEUER
ZWEITE FOLGE

1. dieser mann lebt gefährlich 41
2. aussichten auf neue erlebnisse 42
3. ein stiller tag 45
4. gute laune 47
5. auf hoher see 50
6. im schrank 52

7. waldmann und der ernst der lage
   - eins 54
   - zwei 55
   - drei 56
8. auf der suche nach dem glück
   - erster teil 58
   - zweiter teil 59
   - dritter teil 61
   - vierter teil 63
   - fünfter teil 66
   - sechster teil 68
   - siebenter & letzter teil 70
9. das ende des mondes 71
10. die pflege der geselligkeit 73
11. am anderen ende der zigarre 77
12. gar nichts mehr. wenigstens auf den ersten blick 78
13. freundlicher beifall 80

3
MEIN FAMILI

1. mein famili 87
2. kaffee und kuchen 89
3. der vater spricht von dem franzos . . . 91
4. die köchin 93
5. frau grau 95
6. herr schmidt 97
7. der sonntagmorgen 99
8. der feiertag des schutzmanns 102
9. die folgen großer kälte 107
10. vier herren 111

11. ein abend bei hartmanns 112
12. neue nachrichten 115
13. wetterverhältnisse 118
14. hartmanns hinterzimmer 119

1
HANS WALDMANNS ABENTEUER
ERSTE FOLGE

hans waldmanns hand

hier an diesem abend steht hans waldmann.
seine große hand fühlt sich ganz kalt an.

hans waldmanns erste worte

eines tages gab es einen frost.
und hans waldmann sagte: ab die post.

und man sah ihn eine zeit nicht mehr.
doch man sah ihn wieder hinterher.

er war fort und lange zeit verstrich,
bis er wiederkam gelegentlich.

vor dem fenster sah man schon die nacht,
als hans waldmann kam, kurz nach halb acht.

waldmann sagt: das ist mein erstes wort.
er stand auf darauf und er ging fort.

in der bayrischen provinzstadt W
fiel an diesem abend sehr viel schnee.

waldmann gibt eine übersicht

waldmann sagt jetzt, wie es wirklich war,
damals abends, märz, der himmel klar.

waldmann sagt: bis heute war ich still,
heute sag ich alles, im april.

was herauskommt, ist mir einerlei,
alles kalt, der himmel schwarz im mai.

waldmann sagt: der ganze juni rund,
schwer und trocken, das ist der befund.

ganz wie üblich dieser juli heiß,
blauer himmel, das ist der beweis.

gelb der himmel, faltig im august,
waldmann sagt: das habe ich gewußt.

grau der himmel im september: grau.
waldmann sagt: das wußte ich genau.

der oktober rot. der himmel kracht.
waldmann sagt: das hab ich mir gedacht.

im november fällt der regen dicht.
waldmann sagt: das war die übersicht

undsoweiter bis zum februar.
waldmann sagte, wie es wirklich war.

vorstellung der beteiligten

waldmann tritt heraus aus dem kontor
und er stellt uns die personen vor.

rechts, am rande, sehen wir den scheich.
seine hand ist weich, der scheich ist reich.

neben ihm, die hand am telefon,
nummer zwei: wir sehen den baron.

nummer drei, der graf, bei dem man sieht,
daß er schläft, der graf, er rührt kein glied.

neben ihm, direkt an dem klavier,
der direktor, spielend, nummer vier.

links die gräfin, fünftens, lang und schlank,
sechstens die baronin, und im schrank

steht der fremde, siebtens, schwarz maskiert.
waldmann hat das alles arrangiert.

waldmann stellt sich nun noch in die mitte.
das sind die personen, sagt er: bitte.

**beginn der handlung mit allen beteiligten.
es ist abend**

am klavier sitzt in der dämmerung
der direktor, er spielt ohne schwung.

rechts der scheich stellt seinen mokka hin.
an der hand steckt funkelnd der rubin.

knisternd liest die gräfin einen brief,
und im schlaf der graf, er atmet tief.

die baronin saugt an ihrem tee.
saugend steht sie neben dem büffet.

als es plötzlich klingelt, weiß man schon:
der baron benutzt das telefon.

hier spricht der baron und wer spricht dort?
dann legt er den hörer wieder fort.

waldmann klopft sich pfeifend auf den fuß,
klopft und klopft, gebückt, aus überdruß.

der direktor spielt auf dem klavier.
waldmann öffnet eine flasche bier.

und der scheich streicht über seinen bart.
etwas hat geknackt und etwas knarrt.

waldmann sagt: ich höre doch geräusche,
etwas knarren, wenn ich mich nicht täusche.

waldmann hat etwas hervorgezogen,
abends, seine hand ist ganz gebogen.

jemand schwarz, der fremde, keine frage.
waldmann übersieht sofort die lage

und reißt ihm die maske vom gesicht.
aber das gesicht erkennt man nicht.

waldmann stößt ihn in die dunkelheit.
danke, sagt man, das war höchste zeit.

ja, sagt waldmann und er hob die hand,
stieg in seinen plymouth und verschwand.

hans waldmanns erlebnisse im dampfbad

wasser rauscht gebogen in die wannen,
bürsten kratzen, aus den kohlenpfannen

steigt der dampf hinauf bis an die decke.
duschen sprühen, heiß, zur körperpflege.

waldmann, in der wirklich schweren schwüle,
fragt den nassen graf, wie er sich fühle.

und den reichen scheich der beduinen
fragt hans waldmann: na, wie geht es ihnen?

dann fragt waldmann, kalt, im paletot,
den direktor: na, wie gehts denn so?

den baron fragt er im duschraumdunst:
guten abend, na, was macht die kunst?

lappen klatschen, von den kacheln fließen
große tropfen ab. man hört es schießen.

noch ein schuß. hans waldmann winkte ab.
von den kacheln läuft das blut herab.

waldmann schweigt. es wurde still im raum.
der baron sitzt bleich im seifenschaum.

der direktor blaß, der nasse graf
fährt heraus aus einem harten schlaf.

und im nebel, kurz, erscheint der scheich.
waldmann ruft ihm zu: ich mach das gleich.

gurgelnd in der wanne der baron.
waldmann sagt: moment, ich mach das schon.

im bassin hat sich der graf verborgen.
waldmann ruhig: bitte keine sorgen.

der direktor spricht von schwierigkeiten
waldmann sagt: die kläre ich beizeiten.

er hat längst am badewannenrand
schwarz im handschuh eine hand erkannt.

die person des fremden, sehr gepflegt,
hat die hand im handschuh hingelegt.

waldmann, lächelnd, knickt an einem hebel,
und der fremde kippt hinab im nebel.

waldmann sieht man dann den stecker stecken.
und der fremde treibt verschmort im becken.

damit, wie man bald darauf erfährt,
ist der ganze fall schon aufgeklärt.

waldmann weiß dem dank sich zu entziehn,
denn es wartet noch ein fall auf ihn.

**waldmann erledigt eine sache im norden
und bricht dann nach süden auf**

waldmann stößt auf einen dunklen fleck:
der baron verschwunden, fort und weg.

auch der fremde, elegant im frack,
ist verschwunden mit dem cadillac.

waldmann braust im plymouth schnell dahin.
haare wachsen ihm aus seinem kinn.

die baronin folgt ihm, richtung nord,
durch das ganze land in ihrem ford.

dieses land ganz kalt und kahl und schmal.
waldmann sagt: das ist ein klarer fall.

brüllend in die schwarze nacht hinab
schießt der plymouth, waldmanns zeit ist knapp.

waldmann rauschend über die chaussee.
schlechte sicht im norden, nebel, schnee.

später im hotel excelsior,
sieht man waldmann auf dem korridor.

den baron entdeckt man im salon,
eingeschnürt in einem pappkarton.

beide schweben sie hinauf im lift,
bis man oben auf den fremden trifft.

dieser sitzt gerade beim verzehr.
waldmann schlägt ihn weich wie camembert.

der baron sieht alles aus der ferne,
und das essen übernimmt er gerne;

denn inzwischen kommt im rolls der scheich.
der direktor folgt im buick sogleich.

und im dodge die gräfin. hinten sitzt
auch der graf, als der champagner spritzt.

die baronin schwirrt an waldmanns hals:
danke. waldmann lächelt allenfalls.

langsam treibt der fremde fort im fluß.
waldmann ist verschwunden ohne gruß.

waldmann sagt: erledigt wie versprochen.
und ist dann nach süden aufgebrochen.

waldmann und die gräfin, eine dunkle dame

gut, sagt waldmann, alles bleibt beim alten.
und man sieht ihn eine dame falten.

waldmann, erstens, reißt den mantel auf.
diese dame nimmt es gern in kauf.

zweitens wird die bluse aufgerissen.
seufzend sinkt die dame in die kissen.

als im winde die gardinen wehn,
kann man am balkon den fremden sehn.

seine hand gekrallt um das geländer.
waldmann ruft ihm zu: was willst du, fremder?

aus der dunkelheit heraus ein bein,
lang, und in die dunkelheit hinein.

aus der dunkelheit ein arm, ein kleid,
und verschwunden in der dunkelheit.

auf den teppich schwebt hinab ein strumpf
und ein zweiter strumpf. der graf schläft dumpf.

jemand lacht verstopft an dieser stelle.
man erkennt den fremden auf der schwelle.

lachend sieht man ihn die arme schränken.
waldmann sagt: das konnte ich mir denken.

krähen krähen und beim ruf der unken
ist die dunkle dame umgesunken.

als die gräfin auf den boden sank.
trat der fremde knarrend aus dem schrank.

draußen ist der mond heraufgeschwollen.
waldmann sagt: jetzt weiß ich, was sie wollen.

an der glastür, in der pelerine,
schwarz der fremde, flatternd die gardine.

die gardine klatscht, die glastür schlägt.
auf das dach, hinunter, abgeschrägt,

fällt der fremde und hans waldmann lacht;
denn er hört den knall im straßenschacht.

und die gräfin lacht verführerisch.
waldmann wirft sie krachend auf den tisch.

auf dem tisch, ganz frisch zerdrückt vom glück,
liegt sie, waldmann tritt ein stück zurück.

waldmann sagt: jetzt geht es schlag auf schlag,
vor dem tisch, auf dem die gräfin lag.

später, als hans waldmann wieder lacht,
schreit die gräfin auf mit aller macht.

und obwohl die gräfin weiterschreit,
schläft der graf sehr tief in dieser zeit.

ja, die gräfin schreit aus lauter freude.
waldmann sagt: damit genug für heute.

bravo, ruft sie. waldmann ist schon weit,
und entzog sich so der dankbarkeit.

ungefähr fünf versunkene figuren

als der scheich versinkt im roten moor,
tritt hans waldmann aus dem wald hervor.

der direktor sinkt in den morast.
waldmann sagt: ich war darauf gefaßt.

auch der graf steckt tief im dunklen schlamm.
waldmann macht ihn darauf aufmerksam.

der baron ist bis an das genick
eingehüllt in einen grünen schlick.

doch der fremde, schwarz und elegant,
steht mit seinem stock am waldesrand.

waldmann sagt: das ist ein guter grund
und nimmt die zigarre aus dem mund.

darauf liegt der fremde mit dem frack
schon im sumpf und fertig ist der lack.

nur der kopf ragt etwas aus dem graben
mit dem hut, und darauf hocken raben.

kurz und gut, die sache ist getan.
waldmann steigt in eine straßenbahn.

auf nach westen

wind nordwest bedeckt luft sechs grad feucht.
von den zweigen tropft es, waldmann keucht.

waldmann keucht. die landschaft völlig kahl.
wasser spült hans waldmann fort ins tal.

in den bäumen schlangen dünn und lang.
keuchend watet waldmann durch den tang.

vögel prallen gegen sein gesicht,
aber waldmann der bemerkt das nicht.

schnecken saugend feucht an seinem hals,
aber waldmann merkt das keinesfalls.

wund im mund die zunge angeschwollen.
schnäbel schnauzen schnappen. klumpen. knollen.

waldmann matt. der fremde nicht zu sehen.
schwere luft drückt ihn hinab beim gehen.

durch das scharfe harte gras der steppen
sieht man keuchend sich hans waldmann schleppen.

diese landschaft gelb und ganz verdorrt.
waldmann schweigend. waldmann sagt kein wort.

so ist waldmann schweigend ein paar wochen
westwärts weiter durch das land gekrochen.

wolken treiben oben, sonne, mond.
waldmann steht am roten horizont.

waldmann sagt: ich werde nicht mehr schweigen.
darauf sieht man ihn ein pferd besteigen.

waldmann plötzlich im galopp zu pferde,
schaukelnd über die verbrannte erde.

in der ferne schwenkt man schon die hüte.
dort kommt waldmann, sagt man, meine güte.

auch der fremde taucht am bildrand auf,
schwarz am fenster, ein pistolenlauf.

auf der straße, wirbelnd, etwas laub,
etwas blut, geronnen, etwas staub.

dort steht waldmann wie in alten tagen.
und der fremde wird davongetragen.

waldmann ist verschwunden in der nacht.
groß sind seine schritte, die er macht.

ruhe ruhe

aus der ferne grüßt der watzmann spitz.
und hans waldmann fällt in einen schlitz.

waldmann hat sich nichts daraus gemacht.
er steht auf und fällt in einen schacht.

waldmann steigt heraus und lacht, jedoch
danach fällt hans waldmann in ein loch.

schon erhebt er sich, in alter frische,
gleich danach fällt er in eine nische.

ja, sagt waldmann, gut, in diesem sinne,
und fällt gleich danach in eine rinne.

er steht auf und kommt heraus zum glücke
und fällt gleich danach in eine lücke.

er steht auf, hans waldmann, ja das tat er.
und er fällt hinab in einen krater.

nicht so schlimm, sagt waldmann, doch dann bricht er
plötzlich ein und fällt in einen trichter.

als er aufsteht, sagt er: na, ich denke,
das genügt; und fällt in eine senke.

nein, sagt waldmann, jetzt ist schluß, ich dulde
sowas nicht; und fällt in eine mulde.

schluß, sagt waldmann, ich will das nicht haben.
er steht auf und fällt in einen graben.

ende, sagt er, das wird mir zu bunt.
und er fällt hinunter in den grund.

waldmann, hans, er wirbelt durch die luft.
scheiße, schreit er und fällt in die kluft.

scheiße, schreit er und verliert den halt,
und ist schließlich aufgeprallt im spalt.

er steht auf und sagt: der ganze kram
kotzt mich an, und fällt in eine klamm.

aufgestanden schreit er: gott verflucht,
und rutscht ab und fällt in eine schlucht.

als er aufsteht sagt er: arsch und zwirn,
leckt mich fett, und fällt in einen firn.

wie erträgt man, ruft er, dieses leben?
und man sieht ihn in die tiefe schweben.

nun ist sense, ruft er, nun ist ende,
und er stürzt hinunter ins gelände.

als er aufsteht, waldmann, wieder mal,
ruft er nichts und fällt hinab ins tal.

waldmann sagt: da ist wohl nichts zu machen.
und er klopft den schnee von seinen sachen.

er erhebt sich, schüttelt sich und lacht,
siehe oben, lacht, wie abgemacht.

und der fremde, der das alles sieht,
steht am watzmann, schwarz, und spielt ein lied.

schiebt den bogen auf der violine.
donnernd kommt vom gipfel die lawine.

waldmann lacht, jetzt fällt der sogenannte
fremde ab vom berg auf eine kante.

waldmann, von dem hier die rede ist,
sieht den fremden liegen, aufgespießt.

auch die violine fällt hinunter.
waldmann lacht und sagt: das ist kein wunder.

waldmann, hans, verläßt die gegend schnell
und bezieht ein anderes hotel.

gesang

nun hat waldmann zeit für andre dinge.
waldmann singt etwas und sagt: ich singe.

beim gewitter hört man keinen ton.
von was singt er denn? fragt der baron.

der direktor hält die hand ans ohr.
dieses singen kommt ihm seltsam vor.

und der graf fährt aus dem schlaf und spricht:
dieses singen, das gefällt mir nicht.

dieses singen ist ja unerhört,
sagt der scheich, den dieses singen stört.

und die gräfin sagt: sie haben recht,
dieses singen ist ja wirklich schlecht.

der baronin ist es einerlei,
und sie sagt: es ist wohl bald vorbei.

waldmann singt. dann ist sein singen aus.
nur der fremde spart nicht mit applaus.

gut gemacht, ruft er aus seinem schrank.
aber waldmann wollte keinen dank.

waldmann sagt: hier sieht man mich nicht wieder.
und er singt woanders seine lieder.

waldmanns hut

waldmann sieht das meer. das meer verdampft.
feld und gras verdorrt. der wald zerstampft.

auf dem wasser eine dicke schicht.
waldmann sieht es, doch er sagt es nicht.

erde platzt. der sturm dreht sich vorbei.
aus dem boden quillt ein heißer brei.

aus dem boden dampfend schlamm und schaum.
vögel fallen schreiend ab vom baum.

aus den spalten kriecht es weich und fett,
röchelnd zuckend schlaff und aufgebläht.

stämme knicken, waldmann sagt: was nun?
drüben wirbelt krachend der taifun.

der direktor macht das fenster zu.
wasser fließt hinab auf seinen schuh.

als es kracht, verschließt der scheich die tür.
an der decke, wuchernd, ein geschwür.

weich rinnt es herunter an der wand.
auf dem tisch schmilzt alles, was dort stand.

etwas fault am himmel, frißt und schwillt,
schwitzt und schwärt und gärt in diesem bild.

der baron verriegelt seinen schrank,
als im boden rasch die stadt versank.

vor dem fenster alles fortgeweht.
nur der dunst, der auf zum himmel geht.

dieses land ist abgeschält und leer.
waldmann sieht es, denn er sieht nichts mehr.

was ist los? ruft waldmann vom balkon.
und der sturm bläst seinen hut davon.

abschied für immer

ein tritt waldmann, diesmal mit gamaschen.
alles gut. das blut ist abgewaschen.

waldmann, abends, will noch etwas sagen.
aber das wird waldmann abgeschlagen.

was zu sagen war, das ist gesagt.
sagt die gräfin, die den koffer packt.

und der graf sagt: schluß, auf wiedersehn,
was geschehen ist, das ist geschehn.

der baron und die baronin waren
schon vor ein paar stunden abgefahren.

vom direktor fehlte jede spur.
abgefahren, wie man bald erfuhr.

und der scheich, wie es inzwischen heißt,
war am vormittag schon abgereist.

nur der fremde schüttelt ihm die hand,
dort am abend, wo hans waldmann stand.

ich muß gehen, sagt der fremde: leider.
schluß mit waldmann. ende. undsoweiter.

2
HANS WALDMANNS ABENTEUER
ZWEITE FOLGE

dieser mann lebt gefährlich

unter diesem angeführten titel
öffnet sich ein anderes kapitel:

eines tages, in der morgenstille,
sieht man kurz das funkeln einer brille.

eines tages, in der mittagshitze,
sieht man eine zigarettenspitze.

eines tages, in der abendruhe,
sieht man nichts, man sieht nur ein paar schuhe.

etwas später sieht man im gedränge
viele schuhe, eine ganze menge,

und in diesen spiegelt sich die welt
waldmanns, der von dieser welt erzählt.

was ist waldmann wirklich für ein mann,
fragt man sich und sieht hans waldmann an.

ist hans waldmann groß? er ist es nicht.
ist er klein und sieht man sein gesicht?

groß ist waldmann nicht und auch nicht klein.
sein gesicht ist nicht zu sehen, nein.

waldmann wiegt im ganzen, ohne hut,
hundertfünfzig pfund. und damit gut.

aussichten auf neue erlebnisse

waldmann sagt: im weiteren verlauf
tauchen andere personen auf.

erst erscheint, am rande angefaßt,
der geschwenkte hut vom dunklen gast.

danach kommt ein fuß vom langen lord
durch die tür am abend undsofort.

und am gleichen abend kommt ein zweiter
fuß, der fuß der witwe undsoweiter.

hut und fuß – wir sehen dicht daneben
den vertreter seinen arm erheben.

man sieht nur den arm und etwas später
sieht man gar nichts mehr von dem vertreter.

hut fuß arm – und ganz im allgemeinen
sieht man noch das ende von den beinen

des ministers und auf alle fälle
vom genick des negers eine stelle.

hut fuß arm und beine und genick
und die hand im nächsten augenblick

des matrosen greift mit einer raschen
handbewegung in die hosentaschen.

und man sieht von allem nur das greifen.
und noch einmal sieht man nun den steifen

hut vom gast, man sieht ihn schweben, oben,
hart und höflich in die luft gehoben.

hut und fuß und beine arm und hand
und genick und plötzlich auch den rand

des fabrikbesitzers und sonst nichts
sieht man – und die hälfte des gesichts

des chinesen. und nach einer weile
noch vom kopf des koches ein paar teile.

und dahinter schaut etwas vom ohr
und vom rachen des tenors hervor.

hut fuß arm genick gesicht und rachen
hand kopf bein und ohr in diesem schwachen

lampenschein – und nicht viel weiter hinten
sieht man kurz das kinn von kong verschwinden.

auf dem tische liegen ganz vergessen
nackt gespreizt die finger der komtessen.

nebenan, bestrahlt von einem blitz,
steht ein stück von doktor winternitz.

man erkennt in diesem ungewissen
licht die dame: schreiend aufgerissen

ihren mund, herausgeblasen wehend:
dampf. man sieht vom mönch vorübergehend

einen bart, man sieht auch etwas haut
abgeschoren, als der morgen graut.

hut fuß arm genick gesicht bein bart
rachen ohr kopf hand und unbehaart

haut und mund und kinn und fingerglied.
das ist bisher alles, was man sieht.

eine faust ist aus der luft gefallen.
waldmann sagt: ich mache schluß mit allen

diesen aufgetretenen personen.
er drückt in den browning die patronen.

dann hat er sich cognac eingegossen.
wenn es sein muß, sagt er, wird geschossen.

ein stiller tag

nichts geschieht, es ist nichts zu erwähnen.
keiner nickt und keinen sieht man gähnen,

keiner sitzt und keinen sieht man stehen.
keinen sieht man in die ferne gehen.

keiner friert, kein frost kein eis kein schneien.
keiner singt und keinen hört man schreien.

keiner winkt, warum soll einer winken?
keinen sieht man tot zu boden sinken.

alles schweigt. an diesem stillen tage
taucht der fremde auf mit einer frage.

hört man, fragt der fremde, nicht ein schwirren?
waldmann sagt: da müssen sie sich irren.

aber, fragt er, hört man nicht ein schleichen?
waldmann sagt: ich höre nichts dergleichen.

hört man es nicht an die scheiben schlagen?
waldmann sagt: das würde ich nicht sagen.

hört man, fragt der fremde, nicht ein läuten?
waldmann sagt: das hat nichts zu bedeuten.

hört man nicht ein knacken jetzt von schritten?
waldmann sagt: mein herr, ich muß doch bitten.

hört man nicht ein wehen von gewändern?
waldmann sagt: das kann ich auch nicht ändern.

hört man nicht ein knistern wie von stoffen?
das, sagt waldmann, wollen wir nicht hoffen.

hört man auf dem boden nicht ein reiben?
waldmann sagt: mein herr, sie übertreiben.

hört man nicht ein knicken wie von beinen?
waldmann sagt: ich weiß nicht was sie meinen.

hört man nicht ein knacken von gelenken?
waldmann sagt: das kann ich mir nicht denken.

und ein krallen? hört man nicht ein krallen?
waldmann sagt: mir ist nichts aufgefallen.

und das platzen jetzt, was glauben sie?
was da platzt ist ihre phantasie.

hört man nicht ein spielen auf klavieren?
waldmann sagt: ich werde es notieren.

st das nicht das röcheln von tenören?
waldmann sagt: ich weiß nicht was sie hören.

hört man nicht das keuchen der komtessen?
waldmann sagt: das sollten sie vergessen.

hört man es nicht pfeifen wie ein loch?
waldmann sagt: mein herr, das fehlte noch.

hört man, fragt der fremde, nicht ein stechen?
waldmann: davon sollten sie nicht sprechen.

und ein bluten? hört man nicht ein bluten?
schweigen sie, ich sage es im guten.

hört man nicht ein stöhnen in den wänden?
waldmann sagt: wir wollen das beenden.

und der fremde sagt: man hört noch mehr.
da, sagt waldmann, täuschen sie sich sehr.

gute laune

schluß. wir sprechen jetzt von andren sachen,
sagt hans waldmann und beginnt zu lachen.

der direktor dreht ein stück vom hals
in die höhe und lacht ebenfalls.

mit den füßen auf dem kanapee
hingeworfen lacht der attaché,

und er hebt die hand und zeigt diskret
auf die witwe, die im spiegel steht,

schleierhaft und düster angezogen
wehend und vom lachen umgebogen

winkt sie weich und bleich wie samt und sahne
raschelnd seidenleicht zur ottomane,

wo der scheich an seiner wasserpfeife
saugend lacht, sie öffnet eine schleife.

danach sinkt sie lachend und in vollster
garderobe dunkel in die polster.

reizend kratzt sie auf der polstergruppe
am damast mit ihrer fingerkuppe.

aus der tiefe zieht sie eine spange,
etwas knistert schwarz, der lord lacht lange.

langsam wölbt und dehnt sich ihr gemalter
feuchter mund, sie zupft an einem halter.

der matrose lacht und zweifellos
auch der gast, die stimmung ist famos,

denn die witwe öffnet eine schnalle,
etwas rutscht, darüber lachen alle,

auch der unbekannte im geliehnen
frack, er lacht, es schwirren die vitrinen

vom gelächter und die lampen schwingen,
alles lacht, es lacht vor allen dingen

der tenor, man sieht es am gesicht.
nur der fremde am buffet lacht nicht.

und die witwe, rauschend, weit und breit,
sinkt – ein zeichen ihrer heiterkeit –

einfach um, und dort am lampenfuße
öffnet sie den kragen ihrer bluse.

alle stehen auf von ihrem sitz,
auch professor doktor winternitz.

zwischen den gebeugten herrenköpfen
knöpft die witwe wild an ihren knöpfen

und man sieht sie die verschlüsse lösen:
gürtel bänder schlaufen haken ösen.

etwas sieht man reißen, etwas reiben.
vor dem fenster sieht man wolken treiben.

etwas schwillt, es zittern alle spitzen.
vor dem fenster sieht man regen spritzen.

etwas knistert beim hinunterschieben
dünner strümpfe, etwas wird gerieben.

eine naht wird lachend aufgerissen,
etwas klafft. der wind hat zugebissen.

etwas fließt davon am straßenpflaster.
lachend sieht man weiß wie alabaster

einen leib aus seinen hüllen schlüpfen,
während draußen still die häuser hüpfen:

schlachthof wasserturm und gasanstalt
fliegen durch die luft und etwas krallt

seine hände in den schönen roten
lachend eingedrückten teppichboden.

alles schwankt, man lacht sich einen knick,
vor dem fenster platzt die lackfabrik,

lachend platzt der lackfabrikbesitzer,
dann ist schluß. es folgt ein schrei, ein spitzer

schrei am schluß und alles lacht sich krumm.
und die ganze welt fällt draußen um.

waldmann hat das fenster zugemacht:
ach, mein herr, was haben wir gelacht.

auf hoher see

waldmann sagt: es ist für den matrosen
nicht so leicht in diesem wolkenlosen

raum, in dem kein sturm vorüberpfeift
und der blick nicht in die ferne schweift.

darum schicken wir ihn fort aufs meer,
und wir winken freundlich hinterher.

wir betrachten ihn und sein verhalten
dort im norden in der schwarzen kalten

winterluft, wir sehn in dicken scheiben
knirschend eis an ihm vorübertreiben.

lächelnd läßt beim rollen und beim stampfen
der matrose seine pfeife dampfen.

und schon ist er, wie man sehen kann,
auf dem weichen stillen ozean.

hier, an einer unbekannten stelle,
spielt mit einem mal die bordkapelle,

oder sagen wir: das bordorchester.
auf dem ausblick tropfend im südwester

deutet der matrose scharf nach vorn:
ist das, was ich sehe, nicht kap horn?

eine kleine weile später war
er schon auf dem weg nach sansibar,

auf dem wasser, das im meere ist
und auf dem sein schiff nach osten fließt.

denn vom wind geschoben geht es nun
weiter in die richtung nach rangun.

der matrose, dampfend, steht am heck,
auf dem sogenannten achterdeck.

plötzlich, leser, packt ihn eine bö
und hebt ihn ein wenig in die höh.

doch er lächelt nur und raucht und schaut.
die kapelle spielt jetzt ziemlich laut.

und die fische ziehen ihre kreise.
jetzt spielt die kapelle ziemlich leise.

eines tages fällt er in das meer,
und das meer ist tief und menschenleer,

schwere schwünge nur von albatrossen,
sägend haifischflossen. unverdrossen

sinkt er lächelnd auf den meeresgrund
und die pfeife schwimmt ihm aus dem mund.

dann ist er nach süden hingetrieben.
und hans waldmann hat es aufgeschrieben.

im schrank

waldmann öffnet einen kleiderschrank
und dort steht der fremde, rank und schlank.

freilich wußte waldmann nicht, daß er
undsoweiter, das ist lange her.

aber zwischen den gestärkten hemden
sieht er lächelnd das gesicht des fremden.

hinter einem weiten abendkleid
sieht er auch der dame heiterkeit.

das ist stark, sagt er, sich leicht verneigend
und entfernt sich dann, gebückt und schweigend.

auch der fremde, wie es sich gehört,
geht davon, im ganzen ungestört.

waldmann trifft ihn später in der küche
und verwickelt ihn in widersprüche.

ich bin waldmann, sagt er, ungefähr
so, als ob er nicht hans waldmann wär.

märz. bei diesem schweren mützenwetter
wird der fremde fett und immer fetter.

er ist fast so fett wie diese kleinen
männer, die am alpenrand erscheinen.

ja, er ist ein opfer des gewichts,
sagt hans waldmann, weiter sagt er nichts.

morgens ist der fremde ziemlich dick,
und der kragen drückt ihn im genick.

aber abends dann, mit einem mal,
ist der fremde plötzlich wieder schmal

und paßt wieder in den kleiderschrank,
wo er in den arm der dame sank.

zwischen mänteln hängend zwischen jacken,
hört man ihn das herz der dame knacken.

auch hans waldmann hatte seinen spaß.
doch darüber wächst schon lange gras.

ich muß diesen fall jetzt unterbrechen,
um von einem andren fall zu sprechen.

waldmann und der ernst der lage
eins

waldmann kommt auf einen sprung vorbei
und er sagt: was war das für ein schrei?

er holt den revolver aus der hose
und er ruft in diese atemlose

stille: halt, hier wurde doch geschrien,
und am rand der tasse ist strychnin,

und der kopf von doktor winternitz
sitzt auf seinem hals ganz blass und spitz.

waldmann, ein revolverkalter mann,
sieht sich das in aller ruhe an.

die pinzette zupft, und mit der lupe
untersucht er bart und todestube,

handschuh ohrenschützer und toupet.
das gefällt mir, sagt er, was ich seh,

spritzenspitze schirm und damenhaar.
achtung: dieser mann ist in gefahr.

mehr darüber ist noch nicht zu sagen.
leere mäntel hängen an den haken.

eine uhr fällt tickend aus der luft.
vorsicht, ruft hans waldmann und er ruft:

das motiv, es ist noch unbekannt.
doch ich sehe spuren an der wand.

mich, sagt waldmann, geht das zwar nichts an,
doch ich habe eben spaß daran.

waldmann und der ernst der lage
zwei

sehen sie, sagt waldmann, dieses alles
ist der anfang, nicht der schluß des falles,

als er aus dem schlaf gerupft, fünf uhr,
rasch hinein in seine hose fuhr.

dort im dunkeln tritt nun auf: der täter.
später sieht man, wie ein aufgeblähter

körper leblos, anfang mitte mai,
sinkt mit dem gesicht ins spiegelei.

hart aus seinem rücken ragt ein knauf.
dabei halten wir uns jetzt nicht auf.

jemand öffnet seinen mund vor schmerz,
ächzend, etwas drang hinein ins herz,

und sein leben hat nun aufgehört.
aus. der täter flüchtet ungestört.

waldmann sagt: es ist etwas geschehn,
aber leider kann ich noch nichts sehn.

jetzt, sagt waldmann, sehe ich es besser:
was dort steckt, das ist ein brotzeitmesser.

waldmann, an der kalten pfeife ziehend,
sieht den täter auf der treppe: fliehend.

krachend fort davon, der fette täter.
ich komm wieder, sagt der täter: später.

es ist still und dunkel, doch man sieht,
wie hans waldmann an der pfeife zieht.

**waldmann und der ernst der lage
drei**

waldmann stand an einer wand und fand
in der hosentasche seine hand.

nüsse knirschen zwischen dem gebiß.
wir vergessen jetzt die finsternis

und die schöne schwarzgewölbte nacht.
waldmann hat die hose zugemacht.

und man sieht ihn den revolver heben.
waldmann führt ein ganz geducktes leben:

erstens schießt er eine wurst vom teller
des vertreters, zweitens, etwas schneller,

dem baron die worte aus dem mund
und von seinem bauch den hosenbund.

eine fliege schießt er vom klavier.
bitte schön, sagt er, das hätten wir.

plötzlich leichenbleich mit einem sprung
kommt der täter aus dem hintergrund.

rauschend wehte er hervor, er wehte
mit dem kahlen kopf durch die tapete.

still und stark steht waldmann und gelassen,
und man sieht ihn den revolver fassen.

weich hebt sich die kugel aus dem lauf,
und der täter taumelt und schreit auf,

denn man hat in ihn hineingeschossen,
alles ist aus ihm herausgeflossen.

das, sagt waldmann, war der letzte knall.
und damit beendet er den fall.

waldmann ist zufrieden wie man sieht
und verschwindet in der baker-street.

**auf der suche nach dem glück
erster teil**

waldmann hat sich heute vorgenommen
etwas in der welt herumzukommen.

er entfernt sich schnell aus dem gedränge
des salons und schreitet durch die gänge.

röcke rascheln, luft von atemstößen.
jemand sagt: ich werde mich entblößen.

meine dame, sagt hans waldmann, leider
bin ich jetzt in eile und geht weiter.

waldmann geht, er ist schon in der diele.
gründe für sein gehen gibt es viele.

am geländer trifft er den vertreter.
herr, beachten sie das barometer,

ruft er freundlich, ganz im allgemeinen.
waldmann geht auf seinen beiden beinen.

wohin gehen sie? fragt der baron.
ach ich gehe einfach so davon.

auf der suche nach dem glück
zweiter teil

waldmann sagt: so hat es angefangen,
im september bin ich fortgegangen,

hutlos schweigend durch den korridor.
wohin gehen sie? fragt der tenor.

ach ich gehe einfach so dahin.
warum nicht, es geht auch ohne ihn,

sagt der kurze koch zum langen lord.
waldmann wandert fort. der boden knorrt.

große räume hat er rasch durchschritten,
ruhelos ist er dahingeglitten,

auf und ab herum umher im haus
furchtlos guten tag hinein hinaus.

ab und auf und wortlos hin und her.
türen schwingend weich und schlagend schwer.

krumm herum hinunter auf den flur,
durch den dampf der küche und retour,

mühelos bis an die kellertreppe.
tränenlos die witwe mit der schleppe:

es ist schön, mein herr, sie hier zu sehn.
waldmann lautlos beim vorübergehn.

nachts hört er das keuchen der komtessen,
die sich an die kellerwände pressen.

morgens sieht man ihn beim stiegensteigen,
grußlos schußlos. die personen schweigen.

er biegt atemlos um eine ecke
und bricht durch die trockenbodendecke.

schreilos stürzt er bis ins erdgeschoß
und geht weiter, ratlos, hoffnungslos.

doch er wird den ausgang schon noch finden.
vielleicht vorne, leser, vielleicht hinten.

**auf der suche nach dem glück
dritter teil**

eines tages fliegt hans waldmann lachend
aus dem haus, adieu, die türen krachend.

ganz gebogen weht er durch die straßen,
leicht wie luft wird er hineingeblasen

in die weite welt. wohin so früh?
ach ich fliege einfach fort, perdü.

über boulevards und promenaden,
über dampf und duft und rauch und schwaden.

wohin fliegt er? fragt das publikum.
ach ich schwirre einfach so herum,

sagt hans waldmann und er hebt den hut.
der direktor sagt: das trifft sich gut.

und weil sich das nicht vermeiden läßt,
wird er in ein tanzlokal gepreßt.

sorgenlos und schleierhaft verschwiegen
sieht die witwe er vorüberwiegen.

waldmann sagt: sie müssen schon verzeihn,
denn ich schneie einfach so herein.

woher kenne ich den herren gleich?
fragt im milden lampenschein der scheich.

war es nicht in hongkong? fragt der graf,
wo ich diesen herrn schon einmal traf.

und die gräfin sagt: in hongkong? nein,
das muß anderswo gewesen sein.

der baron fragt später an der bar:
war es nicht in buchs vor einem jahr?

und die witwe auf dem witwenball
sagt: in buchs war es auf keinen fall.

alle raschelnd tanzenden gestalten
legen momentan die stirn in falten.

sind sie nicht hans waldmann? fragt der prinz.
und hans waldmann sagt: jawohl, ich bins.

beifall rauscht, es donnert der applaus.
eine zeit lebt er in saus und braus.

herrlich sieht man ihn den tango schieben,
doch schon wird er wieder fortgetrieben.

ich, der schreiber dieser schönen zeilen,
sah hans waldmann auf die straße eilen.

und dort geht er ohne auszuruhen.
alles spiegelt sich in seinen schuhen.

was sich später noch ereignet hat,
das erfährt man auf dem nächsten blatt.

**auf der suche nach dem glück
vierter teil**

um ein bild sich von der welt zu machen
ging er fort. doch das sind alte sachen.

freundlich sieht man ihn dahinspazieren,
mit bedecktem kopf, um nicht zu frieren.

langsam dreht er sich ins nachtcafé
und trinkt einen korn mit dem portier.

einen kirsch, er ist schon nicht mehr da,
trinkt er im lokal astoria.

in der gastwirtschaft zum roten hirsch
trinkt er einen korn und einen kirsch.

er verläßt bedächtig diesen ort,
aber vorher trinkt er ein export.

danach trinkt er einen korn im stehen.
haben wir uns nicht schon mal gesehen?

fragt der dunkle gast am imbißstand.
waldmann trinkt nun einen pflaumenbrand.

waldmann hat geschwind den hut erhoben,
und die weichen wolken fließen oben.

ach mein herr, ich weiß schon, wer ich bin,
sagt hans waldmann und trinkt einen gin.

und er geht mit schwung ein kleines stück
weiter auf die suche nach dem glück.

erst im schützenhaus und dann im stern
trinkt er korn mit einem fremden herrn,

und im feuchten eck beim dicken fritz
trinkt er kirsch mit doktor winternitz.

auch der rest des tages geht vorbei.
und der mond geht auf, ach, einerlei.

waldmann sagt: das ist nun einmal so
und trinkt korn und kirsch bei bohnen-joe.

waldmann sagt: so ist es gut und recht,
aber anders ist es auch nicht schlecht.

und die welt wird rund und immer runder,
waldmann trinkt erst rum, dann bommerlunder.

waldmann sagt: ich weiß, ich bin ein denker,
und trinkt himbeergeist aus einem schwenker.

und er sagt: ich weiß schon was ich denke,
beim verschwinden in der nächsten schänke.

an der theke trifft er den matrosen,
etwas wasser tropft aus seinen hosen,

und er trinkt noch einen aquavit.
der matrose sagt: ich trinke mit.

danach hat sich waldmann hingesetzt
auf der suche nach dem glück. und jetzt

trinkt er im gambrinus, lieber leser,
kirsch und korn und cognac und malteser.

plötzlich sieht er ein geschwungnes messer
in der luft. ich gehe jetzt wohl besser,

sagt hans waldmann, ich verschwinde hier,
aber vorher bitte noch ein bier.

gleich darauf ist er davonspaziert.
nein, es ist nicht allzu viel passiert,

nur den mond, von wolken abgeleckt,
sieht man, wie er tief im himmel steckt.

das gefällt mir, sagt er, mir gefällt
ganz besonders dieser teil der welt,

hier, sagt waldmann, würde ich gern bleiben,
wortlos sieht man ihn dann weitertreiben,

in den schweren schwarzen bahnhofshallen
hört man waldmanns schöne schuhe schallen.

puffer puffen sanft und pfiffe pfeifen.
waldmann greift mit seiner hand zum steifen

hut, doch der ist längst davongeflogen,
weit im bahnhofswind. die zeitungsbogen

sieht man raschelnd in die höhe wehen.
später hat man gar nichts mehr gesehen.

waldmann fängt ein neues leben an.
in der ferne faucht die eisenbahn.

auf der suche nach dem glück
fünfter teil

dieser teil beginnt mit einem knall.
waldmann kommt vorbei an dem kanal,

wo geschwollen ohne lebenszeichen
körper gleiten, leichen und dergleichen.

seufzend in versteckten ecken: damen,
flatternd unter schnaps- und strapsreklamen,

damen, feucht und dünn, die taschen tragen.
waldmann sagt: ich kann dazu nichts sagen.

ein mit einem strumpf maskierter mann
geht vorbei, mit einem mantel an.

und beim schwung des hutes hier im licht,
sagt hans waldmann: nein, ich rede nicht.

wohin gehen sie? fragt durch den schlitz
einer tür professor winternitz.

ach ich gehe einfach so vorbei.
waldmann hält den kopf bedeckt. kein schrei.

etwas ist geknickt und abgebrochen.
waldmann hat dabei kein wort gesprochen.

etwas floß herunter und gefror
an dem tag, als er den hut verlor.

waldmann, den ich schon einmal erwähnte,
redet nicht davon, kein wort, er gähnte.

dort: sein hut fliegt schön, in großer ruh.
waldmann schweigt, er sagt kein wort dazu.

und der mond, ein kleines weißes loch
in der luft, wird immer kleiner noch.

auf der suche nach dem glück
sechster teil

waldmann geht. er geht durch die natur.
der matrose sagt: ach gehn sie nur.

waldmann nimmt das leben wie es ist,
während regen schwer herunterfließt.

waldmann nimmt sie wie sie ist, die welt,
während schnee auf ihn herunterfällt.

sein bekannter kopf ist weich beschneit.
ja ich gehe, sagt er, und zwar weit

durch die welt, auf ihrer oberfläche.
waldmann sagt: ich weiß wovon ich spreche.

schön wie eine ausgestreckte hand
liegt vor ihm das ganz land: verbrannt.

nur die bäume stehen noch um ihn.
dort geht waldmann, keiner weiß wohin.

kälte leckt und hitze sticht ihn nieder.
dort liegt waldmann, und schon geht er wieder,

und er kommt an einem langen müden
tag hinunter in den tiefen süden.

seine schritte knirschen hoch im norden.
er ist dort ein andrer mensch geworden.

und im osten hat wie in den alten
zeiten er den harten hut gehalten.

er ist einen berg hinaufgekrochen,
im september. in den nächsten wochen

rutschte er von oben, spitz vom gipfel,
rasch hinunter bis zum küstenzipfel.

ach ich rutsche einfach so hinab,
sagt hans waldmann, denn die zeit wird knapp.

waldmann geht, wo vorher niemand ging.
alles schwarz. die aussicht ist gering.

nur ein fluß floß schnell vorbei an ihm.
waldmann sagt: das ist nicht weiter schlimm.

waldmann, still, von einsamkeit umgeben,
steigt aus einem in ein andres leben.

rinder, haarlos aufgeschwollen, platzen.
krähenschnäbel picken, dachse kratzen.

fische tot und trocken. apropos:
fragt man waldmann: waldmann, war es so?

waldmann sagt: ach ja, so war es auch,
berge baumlos, kein gebüsch, kein strauch,

und die welt vom nebel überschlichen,
wäsche wehend steif und ausgeblichen,

hier, wo es jetzt schneit, mein herr, und hagelt,
war die welt mit brettern zugenagelt.

später ist dann nicht mehr viel geschehen.
waldmann schweigt und nickt beim weitergehen.

dort sieht man ihn in die ferne ziehn.
waldmann kennt die welt – und sie kennt ihn.

**auf der suche nach dem glück
siebenter & letzter teil**

plötzlich, abends, dreht sich waldmann um,
und er denkt an unser publikum,

an die heimat und an die personen
und an große portionen bohnen.

also ist er dampfend heimgezogen,
weich im rauchcoupé, in großen bogen.

heimwärts: rückkehr ankunft und willkommen.
freundlich hat man waldmann aufgenommen.

die baronin, lächelnd auf dem gang,
nimmt hans waldmann zärtlich in empfang.

und beim lächeln sieht man auch ihr knie.
der baron fragt: woher kommen sie?

ach ich komme einfach so zurück
von der suche nach dem großen glück.

prima, ruft der lange lord und spricht:
ohne waldmann geht es eben nicht.

waldmann läßt sich durch die gänge treiben,
und der wind pfeift durch die fensterscheiben.

was geschehen ist auf dem gebiet,
soll uns nun genügen, denn es zieht.

das ende des mondes

oben scheint der mond, gerade jetzt
hat sich waldmann an den tisch gesetzt

und ißt eine durchgestrichne brühe.
schnee fällt leicht und weich und ohne mühe.

waldmann lächelnd waldmann löffelnd, leise
nimmt er etwas von der dunstmehlspeise,

und er kostet von den eisbeinscheiben.
bleich sieht man den mond vorübertreiben.

etwas nebel, etwas frost. mitunter
fällt ganz leicht und weich der schnee herunter.

der fasan, das blumenkohlgemüse,
sülze zitternd und das sanfte süße

dunkle huhn, gefüllt und aufgeschnitten,
ist in waldmanns leib hinabgeglitten.

zärtlich hört man waldmanns zähne knacken.
wurst gewürzt und hammelhirn gebacken,

ochsenschweif zerhauen, schweinskopfrinden
sieht man schnell in seinem mund verschwinden.

freundlich pfeift der wind, es fällt der schnee.
schnepfenmus und kalbsmilchfricassee,

wellfleisch, wachteln, wuchteln, trüffeltunken
sind geräuschlos in den leib gesunken.

vor dem fenster hängt der nebel dick.
in der ferne spielt die tischmusik.

vor dem fenster weht der schnee. am tisch
sticht hans waldmann still in einen fisch.

ausgedrückt der fisch und ganz verloren.
und der mond ist oben angefroren.

waldmann schöpfend waldmann dreimal nickend,
waldmann schluckend waldmanns gabel pickend,

tief im winter ißt er immer schneller:
erstens fisch und zweitens seinen teller.

oben scheint der mond, der schnee fällt weich.
waldmann nickt und waldmann beißt zugleich

in den tisch, er hat ihn ganz verzehrt.
das ist weiter nicht erwähnenswert.

erst den tisch, im nächsten augenblick,
da verzehrt er noch die tischmusik.

dann hat er das fenster aufgerissen:
o der mond, das war ein großer bissen.

und mit einem ungeheuren schlung
schluckt hans waldmann die erinnerung.

danach hat er diesen fall vergessen
und sich hingesetzt zum abendessen.

die pflege der geselligkeit

meine herrn, um einmal auszuschweifen,
will ich die gelegenheit ergreifen,

und ich pfeife hier im speisesaal
einmal ordentlich auf die moral,

sagt die witwe zu dem netten fetten
attaché, im rauch der zigaretten.

meine damen, sagt sie, meine herrn:
heute abend kommen wir zum kern.

weil: nach einem üppigen verzehr,
da empfiehlt sich der geschlechtsverkehr,

sorgenlos beim sitzen auf den stühlen
werden wir uns ins vergnügen wühlen,

oder gar auf den gedeckten tischen,
und zwar ohne sie erst abzuwischen.

freundlich legt sie sich auf ihren bauch,
wie gesagt: im zigarettenrauch.

alle herren, die gerade saßen,
springen jubelnd auf und sie erfassen

ihre gläser: dreimal hoch, madam,
das ist ein vorzügliches programm.

der tenor ruft: bitte sehr, gnä frau,
zeigen sie uns ihren körperbau.

etwas knackt. man hört die witwe lachen.
noch ist nichts genaues auszumachen.

knipsend öffnet sie die puderdose,
und vom tisch tropft etwas bratensoße,

und es tropft auch etwas vom ragout
weich hinunter über ihr dessous,

denn den glockenrock hat sie nach oben
bis zu ihrem hals hinaufgehoben.

dann hört man den knick von einem knie.
meine herren, worauf warten sie?

plötzlich sieht man alle herren hüpfen
und beim hüpfen aus den hosen schlüpfen.

oben unten mitte links und rechts
sieht man viele teile des geschlechts.

ach die herren aus den höchsten kreisen
wollen ihre leidenschaft beweisen

und sie gießen eine flasche henkell
trocken über ihre schönen schenkel.

liebe zeit, sie machen mich ja naß,
sagt die witwe, warum tun sie das?

rasch sind ihre worte fortgeschwommen
mittlerweile hat sie platz genommen.

hoch auf dem direktor, mit den lenden,
sitzt sie und umfaßt ihn mit den händen,

und sie hebt noch eine kleiderschicht.
meine dame, nein, es geht jetzt nicht,

sagt der lord, der den direktor stützt,
denn was nützt es, wenn es gar nichts nützt.

auch der graf ist über alle maßen
ausgelöffelt oder ausgeblasen.

rechts hat sich der dunkle gast ergossen.
links ist der minister fortgeflossen.

der bankier, am ende seiner kraft,
wird von unbekannten fortgeschafft.

schlaff am boden liegt ein aufgeknöpfter
neger nackt, ein ganz und gar erschöpfter.

nur professor doktor winternitz
ruft: madam, gleich bin ich auf dem piz!

herrschaft! ruft er, himmel! meine güte!
gott behüte, sagt sie, ich ermüde.

ist das wirklich alles schon gewesen?
fragt die witwe gähnend den chinesen,

denn mit stäbchen und mit liebesmücken
kann man mich auf keinen fall entzücken.

alles ist verschwommen und verschmiert.
aber sonst ist nicht sehr viel passiert.

*

unterdessen hat mit den komtessen
waldmann schokoladenmus gegessen,

und er hat nur einmal hingeschaut:
meine herren, bitte nicht so laut.

jetzt erhebt er sich von seinem platz,
klopft ans glas und sagt nur einen satz:

waldmann, dieser liebling aller damen,
waldmann sagt: nun gut, in gottes namen.

plötzlich platzt etwas und jeder sieht:
waldmann steht, die schwarze witwe kniet.

mitten in die witwe, tief gebückt,
hat hans waldmann sich hineingedrückt.

und sie zuckt und schäumt und rauscht und haucht
faucht und schwimmt in ihre lust getaucht

keuchend feucht in ihrem trieb und drang
aufgestülpt in ihrem überschwang.

aus den dunklen winkeln aus dem mund
kommt ein schrei so wild und wund so rund.

weiter! schreit sie und dann schreit sie: jetzt!
danach hat sich waldmann hingesetzt.

waldmann schweigt. so wechseln hier die szenen.
seufzend sieht man sich die witwe dehnen.

waldmann ist dann unter sie geglitten
und sie ist auf ihm davon geritten.

ach, sie ritten über sieben tage.
dann war waldmann wieder herr der lage.

meine herrn, die sache ist vorbei.
waldmann schlürft sein vierminutenei.

am anderen ende der zigarre

höflich schaukelnd fährt der sonderzug.
waldmann sagt: ich habe jetzt genug.

ach er hat nach einem wadenkrampf
lust auf schwebenden zigarrendampf.

und schon sieht er unter einem hut
hier im rauchcoupé zigarrenglut.

dort am andren ende der zigarre
sieht er ein gesicht mit einer schmarre.

oh, mein herr, sagt er, das sind ja *sie*.
und sie fahren sicher nach parii.

nein, mein herr, ich fahre nach bordo.
und zwar fahre ich inkognito.

ruhig sitzt er hinter dem tabak,
von clermont ferrand bis bergerac.

und an diesem schönen teil der erde
sieht man plötzlich das erwähnenswerte

ende der zigarre und den rauch
aus dem mund des fremden sieht man auch.

rauchausblasend sieht er in die weite.
weiter geht es auf der nächsten seite.

gar nichts mehr. wenigstens auf den ersten blick

eines tages, als der abend kam,
wird man auf das ende aufmerksam.

von den aufgetretenen figuren
blieb nicht viel zurück, nur ein paar spuren

ihrer füße oder ihrer hände,
ein paar worte, ein paar gegenstände.

vom baron liegt noch ein augenglas
auf dem sessel, wo er vorher saß.

und man sieht ein stück vom langen lord:
eine abgeschraubte hand, verdorrt.

einen fingerling aus dem besitz
von professor doktor winternitz.

vom minister ein paar kurze zeilen:
leider konnte ich nicht mehr verweilen.

am geländer steht ein kleiner rest
des direktors, den man stehen läßt.

von der witwe sieht man nur das wehen
in der ferne und vom gast das gehen

und vom fremden und von dem komplizen
sieht man unten nur die stiefelspitzen,

unter der gardine, als es tagt,
spät im herbst, das habe ich gesagt.

später dann im winter, als es schneite,
sieht man etwas von der unterseite,

und im sommer auch die oberfläche
von dem gegenstand, von dem ich spreche.

schließlich sieht man wortlos und von hinten
einen unbekannten mann verschwinden.

alles andre ist davongeflogen,
weit, und wird nicht in betracht gezogen.

nur der unbekannte namens horn:
jetzt am ende sieht man ihn von vorn.

freundlicher beifall

waldmann geht an einen andren ort.
wer nicht hier ist, sagt er, der ist fort.

waldmann atmet tief und waldmann geht.
seine schritte hat der wind verweht.

er verschwindet jetzt aus diesem buch.
in der fremde fliegt ein taschentuch.

der applaus ist wirklich ungeheuer.
waldmann. ende seiner abenteuer.

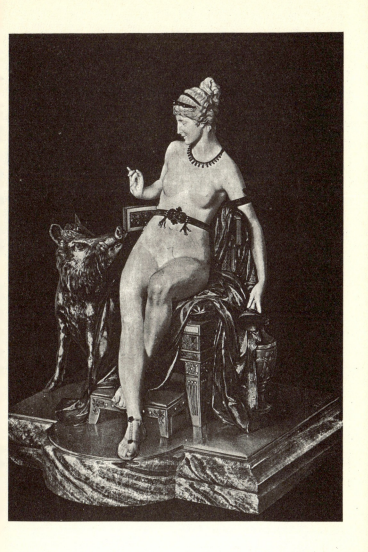

3
MEIN FAMILI

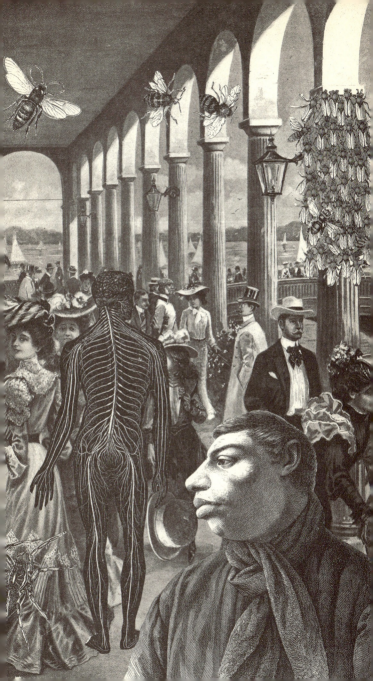

mein famili

mein schwester strickt am grünen strumpf
so heiß und groß so dick und weich
so seltsam übers knie gebeugt
mein schwester mit dem roten rumpf

mein oma liebe oma so
so faltig pergament so dünn
so vogel hals so fistel stimm
so mürrisch mittags abends froh

mein famili im zimmer lung
wo um den schwarzen tisch und rund
mit topf und fisch und zwiebelbrüh
mit hand mit mund mit großem hung

mein vater mit der nickelbrill
mein mutter auf dem küchenstuhl
mein starker bruder mit dem bart
mein kleine schwester blaß und still

mein famili mein ganze fam
ili mein ganze zwei drei und
mein vier und fünf und zwei und ein
mein famili wie wundersam

wie wundersam wie wir am tisch
am runden tisch von rundem holz
wie faust und gabel hier und hier
faust gabel hier mund da und fisch

mund da und fisch und fisch und kloß
am runden tisch der vater spricht
und ißt den kloß und ißt den fisch
vom tisch und spricht und zwiebelsoß

und zwiebelsoß rinnt ab vom mund
wischt ab ach wischt und wischt und spricht
die schwester hörts an ihrem strumpf
die mutter hörts der bruder und

großvater dort auf dem abort
der hund der hund bunt hinterm schirm
die laus in seinem pelz und ich
ich hörs ich hab im ohr die wort

wie altes brot die wort wie brot
wie schwarzes brot die mutter nimmts
vom küchenbord und lächelt wild
denn trocken brot macht wangen rot

wie glotzt aus seinem leib das brot
wie rollt es rollt es durch die tür
die base sitzt vor dem klavier
und spielt ohn brot ist große not

die schürz der mutter weht herum
die uhr platzt an der wand und da
grinst unterm bottich grinst die schab
der vater spricht seht euch nicht um

kaffee und kuchen

hört das thema von den nassen
schwarzen frauen in bewegung
hört das rauschen womit kaffee
eingefüllt wird in die tassen

seht am sonntag die bewegung
schwarzer frauen die in stücken
die am sonntag auf dem sofa
ihre runden köpfe rücken

ihrer körper nasse schwärze
seht gesicht und rumpf und lende
auf dem sofa seht am sonntag
auf dem tisch das rot der hände

knisternd reiben raschelnd reiben
witwenkleider und pleureusen
auf dem leib dem schweren breiten
weichen weißen und porösen

rot geschwollen in die mitte
hüpfen hände hin zum kuchen
aufgesperrt der mund zum schreien
oder diesen zu versuchen

ach getaucht gesicht in tiefe
tassen aufgesperrt vom schmerze
feucht dem auge gegenüber
steht kaffee in seiner schwärze

dampfend in den becher bitter
schwarz kommt kaffee aus der kanne
doch wird ganz erheblich heller
schwarzer kaffee durch die sahne

heiß in tassen steht er erstens
erstens schwarz der kaffee räumlich
und zum schwarz kommt weiß und mischt sich
zweitens und wird plötzlich bräunlich

drittens aus dem napf der kuchen
dessen brocken auf dem tische
liegen eingetaucht in tassen
süß damit im mund sich mische

kuchen und kaffee doch weiter
überm sofa seht im rahmen
bleich und ernst den zuckerbäcker
wo er hängt in gottes namen

ach vom tisch die kuchen springen
und zum brustbild mit gelächter
sagt die frau mit ihrem finger
dieser mann er war kein schlechter

der vater spricht von dem franzos

der vater spricht von dem franzos
des kaisers maßkrug schwarzweißrot
steht zugeklappt auf der kommod
der vater spricht der krieg ist groß

der vater mittlerweile spricht
von dem franzos das kind lauscht still
die mutter lauscht es lauscht die magd
es lauscht der knecht der hund lauscht nicht

magd mutter knecht und kind und hund
die sitzen stumm am heißen herd
der vater spricht von dem franzos
tut auf den mund bis auf den grund

und hebt sein langes schießgewehr
der vater hat die zipfelmütz
die mutter hat die haube an
und knecht und magd die atmen schwer

auf dem gestell der gugelhupf
an dem die mutter gestern buk
auf der kommod der maßkrug steht
und der franzos im unterschlupf

der vater sich die pfeife stopft
moment franzos ist noch nicht tot
das zündholz brennt der maßkrug steht
auf der kommod die standuhr tropft

die mutter hat die haube an
der vater spricht der knecht ist stark
die magd ist rund das kind ist klein
der hund hat seine pflicht getan

der schinken in der kammer hat
die maden und am harten käs
macht sich die ratte fett und pfeift
die fliege schwirrt die magd wird matt

die mutter macht die haube los
das kind muß auf den topf und schreit
und knecht und magd die sind zu zweit
der vater spricht von dem franzos

die köchin

am abend in der küche hinterm topf
an diesem abend in der küche grau
am topf und hinterm topf am abend wars
würgt hart der schluckauf in der köchin kropf

er schüttelt ihren leib des abends wie
wenn von papier er sei und nicht von fleisch
so schüttelt bauch er abends und gesäß
und schüttelt brust und brust und schenkel knie

der köchin kopf der zwischen bein und bein
die blume wächst aus ihrem harten leib
im herd kracht holz und überm herde kocht
der brei die grütze und im stalle schrein

der hahn der hengst im stalle und die kuh
die katze schreit die dreimal trägt im jahr
die hausfrau schreit im bett und hinterm haus
schreit schrill die magd der vater schreit nach ruh

die amme schreit im bett und säugt das kind
der hofhund schreit in seiner hütte und
in seiner falle schreit der mausbock wild
großvater schreit und kratzt an seinem grind

an diesem abend dort der mond und bloß
der köchin hintern rot und weiß und hier
im hof der brunnen braun das buschwerk dort
die köchin unterm herd hier rot und groß

dort schrei vom vogel hier mit seiner mütze
an diesem abend ach der koch der koch
denn wurst und schinken diesen abend noch
im mund ist besser wohl als brei und grütze

das tischtuch fliegt vorbei und eine nackte
garköchin schreit erschreckt an diesem abend
topf herd brei tisch zischt kracht kocht bebt knackt klappe
im augenblick als sie der garkoch packte

an diesem abend kopf des kochs und kopf
der köchin rötlich rötlich unterm herd
brei kocht im topf ach herd ist goldes wert
brei fließt an diesem abend aus dem topf

frau grau

es regnet und der regen schlägt
aufs haus aufs dach die katze trägt

vier junge aus fünf junge aus
der regen schlägt aufs dach aufs haus

die zeit ist schlecht der regen rinnt
im rund des schoßes liegt der wind

des schoßes liegt gekrümmt und weht
der hund der wind der regen seht

das ist der hund und das frau grau
in diesem hause hund und frau

der regen schmatzt am haus am dach
der hund im schoß die frau danach

die frau im stuhl der regen fällt
er fällt aufs haus aufs dach sie hält

in ihrem schürzensack den hund
der regen klopft ans fenster und

aufs haus aufs dach in ihrem schoß
liegt warm der hund die zunge groß

und rot erscheint der regen macht
geräusch am dach in dieser nacht

der regen klatscht der regen rauscht
der regen schlägt und pocht jetzt lauscht

im vordergrund gekrümmt der hund
frau grau jedoch im hintergrund

des nachts an diesem tag und legt
die hand ans ohr der regen fegt

in dieser nacht das dach und tropft
vom dach vom haus der regen klopft

in dieser nacht aufs dach und rinnt
vom dach vom dach frau grau beginnt

in dieser nacht zu laufen und
es folgt auf ihrem fuß der hund

vorbei vorbei in dieser nacht
am tisch am schrank der regen kracht

am tisch am schrank der mond ist schmal
am schrank am ofen am regal

vorbei vorbei an ofen schrank
vorbei an tisch an stuhl an bank

und weiter noch ein kleines stück
vorbei in diesem augenblick

gehn hund und frau zur nacht und ach
der regen schlägt aufs haus aufs dach

herr schmidt

vermummt und würdig vor der türe polizei
poch poch die ganze türe auf herr schmidt
die morgenstund ist faul schlaf geht entzwei
ziehn sie sich an mein herr sie müssen mit

ach gott herr kommissar im warmen überrock
ach panik was denn warum darum wie
hos hemd und handschuh hut und havelock
gamaschen augenblick den parapluie

der polizist mit namen herbert hebestreit
und sein gehilfe hopf mit einem helm
die stehen am aquarium bereit
der goldfisch schwimmt es schwimmen barsch und selm

es schwimmen schwertfisch schildfisch kabeljau und stör
thunfisch und rochen knurrhahn scholle hecht
bart koch und hexenfisch und hinterher
auch weißfisch fliegenfisch und dorsch nicht schlecht

nicht schlecht ist ihr aquarium nicht schlecht herr schmidt
sagt hebestreit nicht schlecht sagt auch herr hopf
dennoch es hilft nichts herr sie müssen mit
ziehn sie sich an bedecken sie den kopf

wie ist ihr schuhwerk sind sie gut zu fuß und wie
sind zähne stuhl hals bizeps auge ohr
beschwerden keine nun das werden sie
beweisen müssen los nun gehn sie vor

ein mensch mit einem festen schlaf bei nacht herr schmidt
schlief im pyjama als vor seiner tür
lärm und geräusch und aufruhr stiefeltritt
tumult gewaltanwendung drei und vier

wahrscheinlich hunde tiere ohne viel vernunft
mit gutem appetit mit schnauze schwanz
mit namen schäferhund ach ihre brunft
obgleich natürlich passt sie hier nicht ganz

in die ballade vom verbrecher bruno schmidt
der seinen fischen im aquarium
der seinen fischen dorten wie perfid
o großer gott wie konnte er das tun

ihr schwarzes blut herr schmidt ihr ganzes schwarzes blut
wird nun vergossen ohne viel gefühl
der henker hackt präzise haupt und hut
vom körper und geht hin zum kartenspiel

der sonntagmorgen

der knüppel haut den rücken krumm
der rücken platzt zur morgenstund
geruch nach frischer semmel und
nach milch und honig geht herum

geläut von glocken welches dort
herr brömel lächelt resolut
vom turme kommt es hüpft das blut
herr brömel haut in einem fort

herr brömel mit dem blauen rock
den rücken mir mit aller ruh
mit blauer hose gummischuh
schwingt hart und hoch er seinen stock

er schwingt und hebt und rührt die hand
und schwingt den stock und hebt den hut
den schlapphut und begrüßt den rat
den richter und den leutenant

die köchin mit dem fischkorb steht
dabei und denkt an den frisör
herr brömel der verbeugt sich sehr
die hausfrau kommt die köchin geht

herr brömel aber brav und fest
als polizist und biedermann
der nimmt sich meines rückens an
gibt mit dem knüppel mir den rest

herr trubizin sein spießgesell
sein kamerad sein zunftgenoß
so stramm so dick und tadellos
herr trubizin ist auch zur stell

herr brömel und herr trubizin
die haben stöcke hart aus rohr
sie grüßen höflich den pastor
und schlagen auf den rücken hin

herr brekel steigt aus seinem bett
und greift zu seinem stock und spricht
und zieht die nachtmütz vom gesicht
ach frau bring mir das chemisett

sie bringts und stiefel unterhos
bartbinde schirm und paletot
herr brekel kommt und lächelt froh
und drischt auf meinen rücken los

der knüppel saust es springt mein blut
das fleisch geht auf es geht nicht mehr
von ferne spielt das militär
herrn brekel dem gefällt das gut

herrn trubizin gefällt es hier
noch besser und herrn brömel auch
nur mir gefällt es nicht so gut
so wird gewalt getan an mir

so dreschen dreie im verein
um einen mückenscheißdreck fast
hier ohne unterlaß und rast
auf lump mich schuft mich schubiak ein

mich drecksack kartenspieler rüpel
mich branntweintrinker atheist
ihr herren dieses leben ist
dies leben ach es ist schon übel

der feiertag des schutzmanns

dies ist des schutzmanns großer feiertag
die nacht war schwarz und warm im bett doch will
der morgen kommen morgens im april
und auch die frau mit brot und mit belag

kommt mit dem morgen kommt mit brot um neun
mit kommt um neun mit brot dort durch die tür
mit riegel rost mit schlüssel loch mit bier
mit brot hereingeweht mit bein vor bein

wer da ruft darauf unter seinen decken
und stößt die decken fort der schutzmann böse
ach lieber mann ich bins mit brot und käse
neun schlägt die uhr der schutzmann läßt sichs schmecke

das dicke kind schaut zu in seinem kittel
in seinem kittel sitzend schaut das kind
der schutzmann nimmt die backen voll geschwind
das dicke kind bekommt ein abführmittel

der schutzmann holt vom stuhl die große hose
den blauen rock und vom abort den schlüssel
hört hart den löffel schöpfen in der schüssel
riecht aus der küche den geruch der soße

sieht kraut der schutzmann riecht geruch von kraut
geruch vom dicken kinde scharf und hört
vom schlagen eins bis elf der uhr gestört
geräusch der küche welches ihm vertraut

o deckel knirschend auf den rand geschoben
um elf gehockt auf holz gebeugt im rücken
das kreuz gekrümmt das tut jetzt weh beim bücken
die sonne sticht die wolken ziehen oben

die zeitung morsch vom nagel ab und bleich
vom schutzmann raschelnd rasch auf seinem platze
erst hockend krumm und dann mit einem satze
hinaus davon die wolken ziehen weich

und aus der küche kommt des löffels schaben
des löffels scharren und des löffels klirren
des löffels klappern zwischen den geschirren
der schutzmann hörts und will die mahlzeit haben

da hüpft mit rotem fleisch in ihrer roten
in ihrer hand das haar gerollt die frau
fleisch blutig schwenkend und vertraulich grau
vom tisch zum herd vorbei an den kommoden

dort wirft sie zischend spritzt das fett zum backen
fleisch in die pfanne wirft es klatschend heftig
nimmt salz und pfeffer majoran der kräftig
ist im geruch und zwiebel kurz zu hacken

wirft alles mit geschwindigkeit in eile
wirft alles in der pfanne große grube
der schutzmann ungeduldig in der stube
hört fleisch im fett und hört nach einer weile

der frau gesang ach braten guter braten
gemüse liebes kraut ach runde rüben
fleisch hüben schöne grüne suppe drüben
seid durch und durch und seid mir gut geraten

wann seid ihr fertig seht doch die probleme
der schutzmann wartet mit der serviette
mit schwarzem bart darauf daß er euch hätte
im mund im magen seiner absicht schäme

gemüse sich fleisch suppe sich und runde
kohlrübe sich die länger als gewöhnlich
im topf sich aufhält weil das so bequemlich
mein mann der schutzmann wartet mit dem munde

an diesem mittag sitzt er auf der stelle
im stuhl die finger um des stuhles stützen
der himmel dick und stumm die teller schwitzen
der schutzmann sitzt und hebt auf alle fälle

aus seiner tasche tief heraus die uhr
und schnappt sie auf und sagt nun ist es halb
und dreht am knopf der himmel rissig falb
und denkt wo bleibt denn heut die mahlzeit nur

wo bleiben braten suppe wo die würze
gemüse kraut kartoffelmus und bier
da kommt halb zwölf die frau schon durch die tür
mit dem tablett halb zwölf und mit der schürze

was auf dem teller lag gar und gesund
was da gebraten war scharf um halb zwölf
was auf den gabeln stak so heiß um zwölf
was um halb eins schon drinnen war im mund

das war so glaube ich um eins verdaut
der himmel wolkenlos und breit halb zwei
der schutzmann schlug sich auf den leib dabei
zog er die hose hoch und seufzte laut

zwei uhr die uhr der himmel schwimmend weiß
der schutzmann liegt die frau wünscht gute ruh
am kanapee die augen nunmehr zu
die augen auf um drei der kaffee heiß

zur zeit des kaffees welcher aufgebrüht
und was ins auge fällt pfannkuchen torte
kommt in den mund des schutzmanns ohne worte
halb vier die frau wünscht guten appetit

und ach die hand um vier gehoben hand
mit fingern nun die hand und in das rund
der pfeife stopft tabak aus gutem grund
der schutzmann dessen säbel an der wand

und auf um vier gesprungen auf vom tisch
um vier vom tisch der schutzmann und um vier
der schutzmann mit der pfeife vor der tür
die sonne fällt ins faß der wind bläst frisch

dann kommen an von männern füße braun
schnell unter hut und schirm daher im wind
um fünf im wind der schutzmann denkt sie sind
aus diesem ort und ihnen ist zu traun

der lehrer bregel kommt und nach dem lehrer
in seiner regenhaut kommt doktor krause
danach und später kommt nach kurzer pause
nach einer weile hopf der essenkehrer

der schutzmann hebt die hand zum helm es kommt
die unterhaltung auf an diesem tage
und eine antwort hat auf jede frage
der schutzmann heute ungeheuer prompt

die welt sagt er ist doch im allgemeinen
die welt ist sagt der schutzmann in der regel
im großen und im ganzen lehrer bregel
nicht wahr in ordnung sagt er will es scheinen

die obrigkeit er deutet in die höhe
und die natur am sonntag und die ehre
und die moral nicht wahr wenn die nicht wäre
doch kurz und gut und außerdem ich sehe

wir sind im grunde einig meine güte
dann weiter guten tag mit kind und kegel
so ist die welt herr krause hopf und bregel
am horizont verschwinden hut und hüte

im grammophon kracht hell die blasmusik
und hell die hand kracht auf des kinds gebläutem
und runden hinterteil die glocken läuten
der tag geht fort und kehrt nicht mehr zurück

schwarz um die ecke pfeifend kommt die nacht
und mit der schüssel in der küche lärmt
die frau mit kraut und braten aufgewärmt
schnell durch die tür zum nachtmahl um halb acht

der schutzmann schmatzt um acht beim achten schlag
der turmuhr kratzt er kopf und rumpf und geht
am hosenträger rückend geht und seht
dies war des schutzmanns großer feiertag

die folgen großer kälte

sieben doktors stehen um mein bett
und sie sagen: dieser hat sein fett
und sie deuten hin auf mich der liegt:
dieser mann er hat sein fett gekriegt

und die sieben doktors deuten jetzt
auf den schweren schaden der entstand
ihre schilderung wird fortgesetzt:
eine anzahl zehen durch den brand

eine anzahl finger die verluste
schmerzend ach in einem kalten jahr
dieser mann bedeckt mit einer kruste
er ist nicht mehr was er einmal war

dieses sei natürlich ganz natürlich
ja ich höre das in meinem öden
feuchten bett sie sagen sehr ausführlich:
hier bei diesem schweigen alle flöten

und ich fühle heftig harte stellen
blaß kalt steif gefühl bewegungslose
finger fallen ab und schwären schwellen
schwarz auf meinem körper wachsen große

gegen alle regeln dicke kuppen
abends namentlich bei kaltem wetter
reißt die haut bricht trocken knisternd schuppen
lösen sich vom leib der immer fetter

schwillt im bett aus mangel an bewegung
frühjahr sommer herbst vergeht ich sage
lieber leser lies mit überlegung
über die bedauernswerte lage

violett entzündet grau gespalten
pelzig hände nachmittags die haut
juckend morgens risse kerben falten
blut gefroren wieder aufgetaut

doch die doktors sagen: meine güte
alles seine schuld das ist gewiß
und das beste sei wenn man sich hüte
vor erfrierung frost und finsternis

dieser mann bei hohen kältegraden
und es kommt schon vor bei kleiner kälte
ist in diese situation geraten
weil er sich des nachts ins kalte stellte

und dort stand er nass und ohne mützen
eine weile ohne diese weichen
düstren handschuh die vor kälte schützen
darum seht jetzt seinen schweren leichen

starren leib im bett in seinem schimmel
nebel qualm und rauch und dampf und dunst
steigen auf von ihm hinauf zum himmel
dieser ist am ende seiner kunst

ja ich hör sie reden unter decken
wo es birst und platzt in diesem bett
wo entsprechend ihren reden flecken
schwarz erscheinen blau und violett

dieser mann sagt man zu meinen klagen
hat sein fett wir halten daran fest
denn im allgemeinen läßt sich sagen
daß sich alles das vermeiden läßt

seht die bahn fährt hart am haus vorbei
sieben doktors stehen hier und seht
ich lieg immer noch in meinem brei
und sie sagen was das mich angeht

dabei ist kein wort mehr zu verlieren
seht jetzt kommt der mond vorbei sehr lang
sieben doktors stehen hier und frieren
sprechen mit gedrücktem stimmenklang

und sie schlagen schallend sich die arme
draußen fällt die tür der ofen hockt
reibend stampfend wollen sie ins warme
kühl im zimmer ihre rede stockt

seht jetzt ihrer ungeheuer bleichen
leiber schnelles schütteln jetzt am ende
tragen *sie* der großen kälte zeichen
im gesicht und blasen in die hände

sieben fallen um ich stehe auf
zitternd liegen sie ich schneide schnell
sieben füße ab und im verlauf
dieser handlung scheint der mond sehr hell

und ich bin am schluß der schluß ist gut
sieben liegen kalt mir ist es gleich
die beschreibung der erfrierung ruht
leser ich verlasse den bereich

ja so ändert sich das bild ich kann
sieben füße abgeschnitten kalt
liegen sehn ich seh sie dann und wann
im vorübergehen mondbestrahlt

höre leser habe kein erbarmen
mit den doktors wenn die winde wehn
sitze wohl am abend bleib im warmen
solches kann dir damit nicht geschehn

vier herren

vier herren stehen im kreise herum
der erste ist groß der zweite ist krumm
der dritte ist dick der vierte ist klein
vier herren stehen im lampenschein

der erste ist stumm der zweite ist still
der dritte sagt nichts der vierte nicht viel
sie stehen im kreise und haben sich jetzt
die hüte auf ihren kopf gesetzt

ein abend bei hartmanns

rauchend stark und mit den händen winkend.
tief mit der zigarre im gesicht,
rief er was, doch ich verstand es nicht
und ich ging vorbei, die klinken klinkend.

mit dem nackten kopf die schwarze tante
ächzte schwer und hatte viele fragen,
ich ging fort, ich konnte gar nichts sagen.
gegen abend traf ich zwei bekannte,

und die sagten: guten tag mein lieber.
und ich sagte: guten tag die herrn.
rauchfleisch aß ich damals wirklich gern,
darum ging ich nun zum tisch hinüber,

aß ein bißchen rauchfleisch, sah ihn winken,
die zigarre stak ihm tief im mund,
dann verschwand er schnell im hintergrund,
links von mir sah ich etwas versinken,

und ich pfiff und sah ganz in gedanken
etwas rechts an einem haken hängen,
vor mir etwas kriechen in den gängen,
hinter mir die schwarze tante schwanken.

so ging ich dahin beim weiterpfeifen,
sagen tat ich nichts, es war schon so,
etwas floß herab vom vertiko,
etwas sah ich schwer vorüberschleifen.

fette pflaumen fielen von den bäumen
klatschend ab, ich sagte nicht sehr viel.
drüben saugte er an der brasil,
und die tante schwarz beim möbelräumen,

ächzend und gebückt, ich will mal sagen,
nein, ich sagte nichts, ich kam voran,
links der ofen, rechts der wasserhahn
tropfend, tropfend, ich, in diesen tagen,

ich, in alter frische, ging vorüber,
in dem scharfen wind, der um mich war,
rauscht es auf in diesem pflaumenjahr,
knackt und klatscht und knirscht, es ist ein trüber

dünner abend, die zigarre sitzt
tief im mund und etwas flüstert matt,
ich sag nichts, ich hab das sagen satt,
etwas blitzt schlitzt sticht bricht sickert spritzt.

suppen brodeln, fliegenschwärme schwirren,
etwas stöhnt, es ist etwas im gang,
etwas streicht an einem leib entlang,
angeschnallt am tisch, die fenster klirren.

messer schnappen, branntweinflaschen splittern,
klingen knirschen mehrfach, schreie schrill,
etwas öffnet sich, der mond scheint still,
schrubber schrubben und papiere knittern.

festgeschnallt am tisch gebückt im groben
hemd gehoben hoch an diesem tisch.
ach, die tante, ächzend träumerisch,
hat jetzt kohlen in die glut geschoben.

ach, die schwarze tante ächzt beim harten
kuchenbacken, drüben sprudelt blut.
alter freund, sagt er und bricht den hut
sich vom kopf und winkt auf alle arten.

ich geh fort, ich fange an zu singen.
auf dem sessel, säße man bequem,
ruft er nun, ich höre außerdem
türen schlagen, die portieren schwingen.

er steht winkend dort wo eine bleiche
frau im hemd, in dem sie vorher schlief,
festgeschnallt, gestochen, dunkel tief,
hängt am tisch. ich sage nichts, ich streiche

an der wand entlang, ich seh ihn winken,
auch die schwarze tante nickt mir zu,
rührt im topf und rührt in dem ragout,
plötzlich seh ich die zigarre blinken.

ja ich pfiff, ich sagte: guten abend,
denn die dinge lagen gar nicht schlecht,
und ich sagte: ja, es ist mir recht,
meine hände in die taschen grabend.

dort am küchentisch, im hemd, im blut,
hängt etwas und die zigarre fällt
aus dem mund, die schwarze tante stellt
ächzend einen topf auf ihre glut.

unaufhörlich treibe ich dahin,
rechts die tante ächzend, einerlei,
links herr hartmann winkend, fort, vorbei,
klinken klinkend jetzt, wie zu beginn.

neue nachrichten

der anfang gut der tag ist um
der abend tropft die straße stumm
der neger gähnt die lampe weht
die dame ist dünn die im tunnel geht

der boden dampft der koffer klirrt
die wolke wischt der schleier schwirrt
der tunnel tief der koffer schwer
der neger geht hinter der dame her

die mauer schwitzt der klärschlamm quillt
der neger gähnt in diesem bild
der hut ist hart das wasser rinnt
die dame flattert im abendwind

die nische naß die dame still
die treppe knurrend im april
die türe faucht der neger gähnt
in diesem bild wie oben erwähnt

der korbstuhl knirscht der rock gebauscht
die wäsche spitz das radio rauscht
der neger gähnt in seine hand
der koffer steht an der bücherwand

die strümpfe straff die bluse rutscht
die schwelle schwillt die dame kutscht
der neger nickt denn ihm gefiel
das wunderbare trompetenspiel

die geige hüpft der nagel kratzt
die strümpfe welk der halter platzt
der sänger singt die dame brennt
der neger öffnet den koffer und gähnt

der beifall spritzt die dame schreit
das radio spielt die ganze zeit
die peitsche pfeift der hals der mund
der hals ist heiß der mund ist wund

die hand der hals der reißverschluß
die brust der bauch das knie der fuß
der knopf die hand der mund das kinn
der hals die brust das her das hin

der mund der bauch der fuß der hals
die brust die hand und abermals
der hals der mund der kurz und gut
der hals der mund der biß das blut

das dicke blut der dunkle fleck
der koffer das tranchirbesteck
die tinte tief der morgen frisch
das frühstück auf dem ausziehtisch

die messer scharf die tassen voll
die butter ranzig im stanniol
das ei geköpft die milch aus tuben
die wagen fahren vorbei und hupen

die löffel klappern aus den tapeten
da kommen die wanzen aus türen treten
die polizisten mit großen füßen
die briefträger kommen mit vielen grüßen

die milben kommen aus großen broten
die essenkehrer heraus aus schloten
die asseln aus becken die schnecken die schnaken
aus tiefen töpfen die kakerlaken

die kannen dampfen die bäcker springen
aus warmen stuben vor allen dingen
die spinnen kommen mit vielen beinen
die schlächter schluckend mit halben schweinen

die messer schlitzen aus zügen steigen
die schlosser gebogen mit kleinen geigen
die geiger düster die gabeln picken
die bremsen kommen die motten die mücken

das blut geronnen es kommen mit tüten
die damen vorbei und mit harten hüten
die neger sie kommen gähnend gegangen
mit schweren koffern in langen schlangen

der himmel schimmelt die raben kratzen
das fenster knackt auf den matratzen
liegt nichts mehr dort wo etwas lag
der schluß ist schlecht am donnerstag

wetterverhältnisse

es schneit, dann fällt der regen nieder,
dann schneit es, regnet es und schneit,
dann regnet es die ganze zeit,
es regnet und dann schneit es wieder.

hartmanns hinterzimmer

die suppe kalt in hartmanns hinterzimmer.
wir saßen da und wurden ziemlich alt,
und nicht viel später wurden wir noch älter,
und wir vergaßen viel, die suppe kälter,
in hartmanns hinterzimmer, wo wir saßen
und fast die ganze weite welt vergaßen:
die luft, die weichen wolken und den wald
und hartmanns hinterzimmer. was auch immer.

ROR WOLF, geboren am 29.6.1932 in Saalfeld/Thüringen, war nach dem Abitur Bauarbeiter in der DDR, Hilfsarbeiter in Stuttgart, Student der Philosophie, Soziologie und Literaturwissenschaft in Frankfurt und Hamburg, Rundfunkredakteur in Frankfurt, freier Schriftsteller in Frankfurt, St. Gallen, Basel, Frankfurt, Berlin, Frankfurt, Mainz, Warwick, Mainz, Wiesbaden, Zornheim, Wiesbaden; lebt zur Zeit in Mainz. Im Haffmans Verlag erschienen: *Hans Waldmanns Abenteuer* (Sämtliche Moritaten von Raoul Tranchirer, 1985) – *Raoul Tranchirers Mitteilungen an Ratlose* (Ein Ratschläger, 1988) – *Das nächste Spiel ist immer das schwerste* (Alte und neue Fußballspiele, 1990). Außerdem immer wieder Beiträge im Magazin für jede Art von Literatur *Der Rabe*.

NEUE AUTOREN
IM HAFFMANS VERLAG

HEINZ LUDWIG ARNOLD (Hrsg.)
Komm. Zieh dich aus
Handbuch der lyrischen Hocherotik deutscher Zunge

Schriftsteller im Gespräch I & II

JULIAN BARNES
Als sie mich noch nicht kannte
Roman. Deutsch von Michael Walter

Eine Geschichte der Welt in 10½ Kapiteln
Roman. Deutsch von Gertraude Krueger

Flauberts Papagei
Roman. Deutsch von Michael Walter

In die Sonne sehen
Roman. Deutsch von Gertraude Krueger

Metroland
Roman. Deutsch von Gertraude Krueger

ULI BECKER
Alles kurz und klein
Erinnerungen

Meine Fresse!
Gedichte

Das Wetter von morgen
Gedichte

F.W. BERNSTEIN
Hört, hört!
Das WimS-Vorlesebuch
(zusammen mit Robert Gernhardt)

Lockruf der Liebe
Gedichte

TV-Zombies
Bilder und Charaktere
(zusammen mit Eckhard Henscheid)

**SVEN BÖTTCHER &
KRISTIAN KLIPPEL**
Störmer im Dreck
Krimi

Mord zwischen den Zeilen
Ein Störmer-Krimi

VALENTIN BRAITENBERG
Gescheit sein
Wissenschaftliche und unwissenschaftliche Essays

ANTHONY BURGESS
Der lange Weg zur Teetasse
Eine Geschichte. Deutsch von Harry Rowohlt. Mit Bildern von Almut Gernhardt

**JOHN CLEESE &
CHARLES CRICHTON**
Ein Fisch namens Wanda
Das vollständige Drehbuch mit vielen Fotos. Deutsch von Michel Bodmer

PHILIP K. DICK
Erinnerungen en gros
Science-Fiction-Geschichten. Deutsch von Thomas Mohr, Denis Scheck, Michel Bodmer, Harry Rowohlt u.a.

HUGO DITTBERNER
Geschichte einiger Leser
Roman

Das Internat
Papiere vom Kaffeetisch

CARL DJERASSI
Cantors Dilemma
Wissenschafts-Roman. Deutsch von Ursula-Maria Mössner

Der Futurist
und andere Geschichten. Deutsch von Ursula Maria Mössner

NORBERT EBERLEIN
Seidenmatt
Liebesroman

EMANUEL ECKARDT
Der Hausmeister
Ein Schlüsselroman

EUGEN EGNER
**Aus dem Tagebuch eines Trinkers:
Das letzte Jahr**
Mit Illustrationen des Autors

BERND EILERT
Das aboriginale Horoskop
Ein Senigiroba-Weg des Wissens.
Nach den Lehren des Altmeisters
Urug. Mit Zeichnungen von Hilke
Raddatz

Eingebildete Notwehr
Krimi

Windige Passagen
Vier Erzählungen

**Humoore/Scherzgebirge/
Schiefebenen**
Hochkomik I - III. Herausgegeben von
Bernd Eilert

**Die 701 peinlichsten
Persönlichkeiten 1979 - 1989**
Beiträge zur Sozialhygiene.
Herausgegeben von Bernd Eilert. Mit
Jahresblättern von Hilke Raddatz

**BERND EILERT/
ROBERT GERNHARDT/
PETER KNORR/OTTO WAALKES**
Otto – Der Film
Drehbuch mit Farbfotos

Otto – Der Neue Film
Drehbuch mit Farbfotos

Otto – Der Heimatfilm
Drehbuch mit Farbfotos

AARON ELKINS
Alte Knochen
Krimi. Deutsch von Jürgen Bürger

FRIEDER FAIST
Der Ersatzmann
Roman

Nebenrollen
Ein Schauspielerleben in deutscher
Provinz

Schattenspiele
Ein Krimi aus deutscher Provinz

KINKY FRIEDMAN
Greenwich Killing Time
Krimi. Deutsch von Hans-Michael
Bock

ROBERT GERNHARDT
**Es gibt kein richtiges Leben im
valschen**
Humoresken aus unseren Kreisen

Gedanken zum Gedicht
Thesen zum Thema

Glück Glanz Ruhm
Erzählung Betrachtung Bericht

Hört, hört!
Das WimS-Vorlesebuch
(zusammen mit F.W. Bernstein)

Ich Ich Ich
Roman

Kippfigur
Erzählungen

Körper in Cafés
Gedichte

Letzte Ölung
Ausgesuchte Satiren

Lug und Trug
Drei exemplarische Erzählungen

Die Toscana-Therapie
Schauspiel in 19 Bildern

Was bleibt
Gedanken zur deutschsprachigen
Literatur unserer Zeit

Was gibt's denn da zu lachen?
Kritik der Komiker – Kritik der Kritiker
– Kritik der Komik

Wörtersee
Gedichte

MAX GOLDT
Die Radiotrinkerin
Ausgesuchte schöne Texte.
Mit einem Vorwort von Robert
Gernhardt

PETER GREENAWAY
**Der Koch, der Dieb, seine Frau
und ihr Liebhaber**
Drehbuch mit Farbfotos.
Deutsch von Michel Bodmer

Prosperos Bücher
Drehbuch mit Farbfotos.
Deutsch von Michel Bodmer

GISBERT HAEFS
Freudige Ereignisse
Geschichten

Hannibal
Der Roman Karthagos

Das Doppelgrab in der Provence
Krimi

Mörder und Marder
Krimi

Und oben sitzt ein Rabe
Krimi

MARTIN HENKEL & ROLF TAUBERT
Versteh mich bitte falsch!
Zum Verständnis des Verstehens

ECKHARD HENSCHEID
Da lacht das runde Leder
Sämtliche Fußball-Anekdoten

Dolce Madonna Bionda
Roman

Die drei Müllerssöhne
Märchen und Erzählungen

Erledigte Fälle
Bilder deutscher Menschen. Mit 24 Portraitstudien von Hans Traxler

Franz Kafka verfilmt seinen »Landarzt«
Erzählung

Frau Killermann greift ein
Erzählungen und Bagatellen

Helmut Kohl
Biographie einer Jugend

Hoch lebe Erzbischof Paul Casimir Marcinkus!
Ausgewählte Satiren und Glossen

Kleine Trilogie der großen Zerwirrnis
Beim Fressen beim Fernsehen fällt der Vater dem Kartoffel aus dem Maul / Der Neger (Negerl) / Wir standen an offenen Gräbern

Maria Schnee
Eine Idylle

Roßmann, Roßmann…
Drei Kafka-Geschichten

Standardsituationen
Fußball-Dramen

Sudelblätter
Aufzeichnungen

TV-Zombies
Bilder und Charaktere
(zusammen mit F.W. Bernstein)

Was ist eigentlich der Herr Engholm für einer?
Ausgewählte Satiren und Glossen

Wie Max Horkheimer einmal sogar Adorno hereinlegte
Anekdoten über Fußball, Kritische Theorie, Hegel und Schach

Wie man eine Dame verräumt
Ausgewählte Satiren und Glossen

Wir standen an offenen Gräbern
120 Nachrufe

Die Wolken ziehn dahin
Feuilletons

Die Wurstzurückgehlasserin
Sieben Erzählungen

HEN HERMANNS
Ciao Tao
Krimi

WOLFGANG HILDESHEIMER
Der Drachenthron
Komödie in drei Akten

ULRICH HORSTMANN
Patzer
Roman

GEOFFREY HOUSEHOLD
Einzelgänger, männlich
Verfolgungs-Thriller. Deutsch von Michel Bodmer

NORBERT JOHANNIMLOH
Appelbaumchaussee
Erzählungen vom Großundstarkwerden

RICHARD KÄHLER
Teddy's Trends
Die abenteuerlichen Aufzeichnungen des jungen Teddy Hecht während der achtziger Jahre. Mit einem Vorwort von Eckhard Henscheid

AKI KAURISMÄKI
I Hired a Contract Killer oder Wie feuere ich meinen Mörder?
Drehbuch mit Farbfotos und einem ausführlichen Interview. Deutsch von Michel Bodmer

Das Leben der Boheme
Drehbuch mit Fotos und einem Nachwort des Autors. Deutsch von Mara Helena Nyberg

DAN KAVANAGH
Duffy
Krimi. Deutsch von Willi Winkler

Vor die Hunde gehen
Ein Duffy-Krimi. Deutsch von Willi Winkler

LORENZ KEISER
Zug verpaßt / Der Erreger
Zwei Einmann-Stücke

EGBERT KIMM
Das Mörderquartett
Krimi

HERMANN KINDER
Die Böhmischen Schwestern
Roman

Du mußt nur die Laufrichtung ändern
Erzählungen

Ins Auge
Roman

Kina Kina
Eine Geschichte

Die klassische Sau
Das Handbuch der literarischen Hocherotik. Herausgegeben von Hermann Kinder

Liebe und Tod
25 schöne Geschichten von A bis Z

Der Schleiftrog
Ein Erziehungs-Roman

Vom Schweinemut der Zeit
Roman

HANNS KNEIFEL
Angriff aus dem All
Raumpatrouille ORION I

Planet außer Kurs
Raumpatrouille ORION II

Die Hüter des Gesetzes
Raumpatrouille ORION III

Deserteure
Raumpatrouille ORION IV

Kampf um die Sonne
Raumpatrouille ORION V

Die Raumfalle
Raumpatrouille ORION VI

Invasion
Raumpatrouille ORION VII

Das brennende Labyrinth
Science-Fiction-Roman

Lichter des Grauens
Kriminologischer Science-Fiction-Roman

CONNY LENS
Silvi und Mokka
Krimi

Die Sonnenbrillenfrau
Ein Steeler-Straße-Krimi

Ottos Hobby
Ein Steeler-Straße-Krimi

Casablanca ist weit
Ein Steeler-Straße-Krimi

CHARLES LEWINSKY
Mattscheibe
Ein Fernseh-Roman

DAVID LODGE
Saubere Arbeit
Roman. Deutsch von Renate Orth-Guttmann

AXEL MARQUARDT
Hundert Jahre Lyrik!
Deutsche Gedichte aus zehn Jahrzehnten.
Herausgegeben von Axel Marquardt

Die Reisenden
Erzählungen

Sämtliche Werke
Band 1: Die frühe Prosa

Standbein Spielbein
Gedichte

GERHARD MENSCHING
Die abschaltbare Frau
Roman

Der Bauch der schönen Schwarzen
Kriminalroman

E.T.A. Hoffmanns letzte Erzählung
Roman

Die Insel der sprechenden Tiere
Eine Ferienabenteuergeschichte.
Mit sprechenden Bildern von Nikolaus Heidelbach

Löwe in Aspik
Ein lustvoller Roman

Rotkäppchen und der Schwan
Drei erotische Humoresken

Die violetten Briefe
Drei kriminelle Novellen

KLAUS MODICK
Moos
Die nachgelassenen Blätter des
Botanikers Lukas Ohlburg

MONTY PYTHON
Das Leben Brians
Drehbuch mit Fotos und zusätzlichen
Szenen. Deutsch von Michel Bodmer

WOLF v. NIEBELSCHÜTZ
Auch ich in Arkadien
Respektlose Epistel an die Freunde.
Mit einer Nachbemerkung von
Ilse v. Niebelschütz und
sieben arkadischen Bildern von
Irene v. Treskow

Der Blaue Kammerherr
Galanter Roman in 4 Bänden:
1. Der Botschafter der Republik
2. Der Reichsgraf zu Weißenstein
3. Der Herzog von Scheria
4. Die Bürgerin Valente

Die Kinder der Finsternis
Roman

FLANN O'BRIEN
Durst und andere dringende Dinge
Geschichten und Stücke. Deutsch von
Harry Rowohlt

**In Schwimmen-zwei-Vögel oder
Sweeny auf den Bäumen**
Roman. Vollständig neu übersetzt
von Helmut Mennicken und
Harry Rowohlt

Trost und Rat
Geschichten und Gedanken.
Ausgesucht und übersetzt
von Harry Rowohlt

DOROTHY PARKER
**Close Harmony oder
Die liebe Familie**
Schauspiel. Deutsch von
Friederike Roth

Die Geschlechter
New Yorker Geschichten. Deutsch
von Ursula-Maria Mössner

Ladies im Hotel
Schauspiel. Deutsch von
Friederike Roth

Eine starke Blondine
New Yorker Geschichten.
Deutsch von Pieke Biermann

HANS PLESCHINSKI
Gabi Lenz
Werden und Wollen. Ein Dokument

Der Holzvulkan
Bericht einer Biographie

Nach Ägyppten
Ein moderner Roman

Pest und Moor
Ein Nachtlicht

**GERHARD POLT &
HANNS CHRISTIAN MÜLLER**
Der Bürgermeister von Moskau
Drehbuch mit Fotos

Da schau her
Alle alltäglichen Geschichten.
Mit Zeichnungen von Reiner Zimnik
und vielen Fotos

Ja mei...
Neue und umfassende alltägliche
Geschichten. Mit Zeichnungen von
Volker Kriegel und vielen farbigen
Fotos

Fast wia im richtigen Leben
»Da schau her« und »Ja mei«
in einem Band

»Herr Ober!«
Drehbuch mit Fotos

man spricht deutsh
Drehbuch mit Fotos

Wirtshausgespräche
Drei längere Stücke.
Mit Zeichnungen von Reiner Zimnik

WALTER E. RICHARTZ
Schöne neue Welt der Tiere
Zweiundfünfzig Tiergeschichten.
Mit neun Tierbildern von
Tatjana Hauptmann

Vom Äußersten
Letzte Erzählungen.
Mit einer Grabrede von
Hans-Jürgen Fröhlich und einer
Erinnerung von Uwe Herms

WERNER RIEGEL
...beladen mit Sendung, Dichter und armes Schwein
Herausgegeben von Peter Rühmkorf.
Mit Fotos, Dokumenten, Faksimiles

PETER RÜHMKORF
Selbst III/88
Aus der Fassung
Das Gedicht »Mit den Jahren...
Selbst III/88« in allen Zuständen und Vorformen

Kleine Fleckenkunde
Lyrische Kleksographie

Werner Riegel ... beladen mit Sendung, Dichter und armes Schwein
Herausgegeben von Peter Rühmkorf.
Mit Fotos, Dokumenten, Faksimiles

MICHAEL RUTSCHKY
Reise durch das Ungeschick
und andere Meisterstücke

Was man zum Leben wissen muß
Ein Vademecum. Mit 25 Zeichnungen von F.W. Bernstein

ARNO SCHMIDT
Arno Schmidts Wundertüte
Eine Sammlung fiktiver Briefe

Atheist ? : Allerdings !
Ein Pamphlet

»Bargfelder Ausgabe«
Werkgruppe I: Romane, Erzählungen, Gedichte, Juvenilia in vier Bänden
Werkgruppe II: Dialoge in drei Bänden

...denn "wallflower" heißt »Goldlack«
Drei Dialoge

Deutsches Elend
13 Erklärungen zur Lage der Nationen

Eberhard Schlotter – Das zweite Programm
Zehn Szenen zu einem Triptychon

»Fiorituren & Pralltriller«
Randbemerkungen zu »Caliban über Setebos«

Fouqué und einige seiner Zeitgenossen
Biographischer Versuch

Griechisches Feuer
13 historische Skizzen

Julia, oder die Gemälde
Scenen aus dem Novecento

Das Leptothe=Herz
16 Erklärungen zur Lage der Literaturen

Nebenmond und rosa Augen
16 Geschichten aus der Inselstraße

Nobodaddy's Kinder
Aus dem Leben eines Fauns – Brand's Haide – Schwarze Spiegel

Stürenburg-Geschichten
12 Erzählungen

Zweite Zürcher Kassette
Das essayistische Werk zur deutschen Literatur

UVE SCHMIDT
Die Russen kommen
Roman

KARLA SCHNEIDER
Der Knabenkrautgarten
Liebes- und Abenteuergeschichten

MARGIT SCHREINER
Mein erster Neger
Afrikanische Erinnerungen

Die Rosen des Heiligen Benedikt
Liebes- und Haßgeschichten

FRANK SCHULZ
Kolks blonde Bräute
Roman

WOLFGANG SCHWEIGER
Eine Sache unter Freunden
Krimi

Spiel der Verlierer
Krimi

FRITZ SENN
Nichts gegen Joyce
Joyce versus Nothing.
Aufsätze 1959–1983

VLADIMIR SOROKIN
Marinas dreißigste Liebe
Roman. Deutsch von Thomas Wiedling

Der Obelisk
Erzählungen. Deutsch von Gabriele Leupold

Die Schlange
Roman. Deutsch von Peter Urban

CHRISTOF STÄHLIN
Der Dandy
Monologe und Erzählungen.
Mit Handzeichnungen von
Dorothee v. Harsdorf

RAINER STEPHAN
Der Bayerisch-Österreichische Krieg 1987
Ein Bericht

AL STRONG
Whisky Weiber Pokerface
Drei wüste wilde Westernstories

ACHIM SZYMANSKI
Halt durch, Steffi!
Ein bewegender Schicksalsroman

HELLA-DORE TIETJEN
...und sie verpfuschten mir mein Leben
Eine Abrechnung

REINHARD UMBACH
Das große Buch der Bauernregeln
Handreichungen zur Zeit.
Mit Bildern von Carsten Hildebrandt

JOSEPH v. WESTPHALEN
Moderne Zeiten I & II
Blätter zur Pflege der Urteilskraft

Warum ich Monarchist geworden bin
Zwei Dutzend Entrüstungen

Warum ich Terrorist geworden bin
Ein Pamphlet

Warum ich trotzdem Seitensprünge mache
Fünfundzwanzig neue Entrüstungen

HARALD WIESER
Von Masken und Menschen I
Portraits und Polemiken

Von Masken und Menschen II
Essais und Affairen

ROR WOLF
Das nächste Spiel ist immer das schwerste
Alte und neue Fußballspiele

Hans Waldmanns Abenteuer
Sämtliche Moritaten von Raoul Tranchirer.
Mit Collagen des Verfassers

Raoul Tranchirers Mitteilungen an Ratlose
Ein Ratschläger

UWE WOLFF
Der ewige Deutsche
Eine Geschichte aus jugendbewegten Zeiten

HANS WOLLSCHLÄGER
Herzgewächse oder Der Fall Adams
Fragmentarische Biographik in unzufälligen Makulaturblättern.
Erstes Buch

In diesen geistfernen Zeiten
Konzertante Noten zur Lage der Dichter und Denker für deren Volk

»Tiere sehen dich an« oder Das Potential Mengele
Essay

Von Sternen und Schnuppen
Bei Gelegenheit einiger Bücher.
Rezensionen und Zensuren

DIETER E. ZIMMER
Die Elektrifizierung der Sprache
Über Sprechen, Schreiben, Computer, Gehirne und Geist

Experimente des Lebens
Wilde Kinder, Zwillinge, Kibbuzniks und andere aufschlußreiche Wesen

Redens Arten
Über Trends und Tollheiten im neudeutschen Sprachgebrauch

So kommt der Mensch zur Sprache
Über Spracherwerb, Sprachentstehung, Sprache & Denken